Vacuna patrimonial

Y 9 MITOS DE LA EDUCACIÓN FINANCIERA EN MÉXICO

CARLOS PONCE B.

Vacuna patrimonial

Y 9 MITOS DE LA EDUCACIÓN FINANCIERA EN MÉXICO

LID

MADRID | CIUDAD DE MÉXICO | BUENOS AIRES | BOGOTÁ
LONDRES | SHANGHÁI

Biblioteca SNX

LID Editorial Mexicana SA de CV
Homero 109, 1404, Colonia Chapultepec Morales, México, Ciudad de México, 11570
Tel. +52 (55) 5255-4883
mexico@lidbusinessmedia.com - LIDeditorial.com - LIDlibros.com

A member of BPR

businesspublishersroundtable.com

Primera edición: marzo de 2021
Primera reimpresión: marzo de 2025

ISBN: 978-607-8704-31-6
Editora de la colección: Claudia Herrán Monedero
Corrección de estilo y de pruebas: Yara Trevethan
Diseño de portada: Edgar A. Reyes
Diseño de interiores: produccióneditorial

TESTIMONIOS

Como entrenador de básquetbol, sé que en la vida, como en la cancha, cada quién tiene una función; la mía, definitivamente, no es ser un experto en finanzas, pero igual que en los juegos, lo importante es «saber pasar la bola a quien hará la mejor jugada», y en el terreno financiero tengo la seguridad de que ese, es Carlos Ponce. Su inteligencia y pericia financiera son indiscutibles, pero lo que lo hace aún más destacado son los valores que lo caracterizan en todos los ámbitos: es un apasionado de lo que hace, juega limpio, sabe hacer equipo, y tiene la cabeza fría para tomar las mejores decisiones en los momentos clave. En tiempos de gran incertidumbre como los que se viven en medio de una pandemia, la palabra confianza cobra mayor relevancia, y eso es lo que ha significado para mí poner mi patrimonio en sus manos. Recuerdo el inicio de esta situación y debo aceptar que estaba muy nervioso al pensar que aunque para algunos fuera poco lo que tenía invertido en Bolsa, para mí y mi familia lo era todo. Sin embargo, Carlos ha sabido responder a esa confianza y los resultados han sido muy positivos.

Antonio Miguel
Entrenador de básquetbol
Tecnológico de Monterrey Campus Toluca
Empresario en Bolsa

Ningún momento resulta más oportuno que el presente, en el que el país se encuentra convulsionado por una severa crisis económica, que me obliga a dar a conocer el cambio que sufrí al convertirme de inversionista a dueño de empresa. El largo calvario que se sufre con expertos asesores en el sistema financiero, quienes pretenden orientar a los inversionistas con un pequeño capital, cuando lo único que se requiere es su honestidad, consejos y orientación, desembocó al final en una total pérdida de confianza y capital. Ante este inconveniente, era necesario un cambio, por lo que me acerqué a la Bolsa Mexicana de Valores; descubrí que de forma periódica se dictaban conferencias sobre diversos temas relacionados con las inversiones y me decidí por la que dictaba un maestro universitario de nombre Carlos Ponce. Acudí a escucharlo con escepticismo, pero me sorprendió que el maestro captara de inmediato el interés de la nutrida audiencia: expresaba sus conocimientos de manera sencilla y clara, de tal modo que al finalizar su intervención un gran número de asistentes solicitamos su atención y tiempo para que, de considerarlo, nos representara.

Conocer a Carlos Ponce y su equipo de trabajo fue el paso más importante para que las cosas cambiaran, ya que su honestidad, profesionalismo y conocimientos de la materia, siempre avalados con una gran ética y un trato personalizado, me permitieron conocerlo a fondo. Estos aspectos cambiaron radicalmente mi opinión para reconocer a alguien que había dedicado su vida a conocer las entrañas de las finanzas. En este nuevo ambiente, la presencia de Carlos Ponce llenó el hueco abismal que existía. En el trascurso de poco tiempo se convirtió en un ícono de la estrategia bursátil, ya que su personalidad, gran carisma y una empatía natural resultaron valiosas y estimables para los que nos veíamos favorecidos con su guía y orientación. Como en todos sus libros anteriores, los méritos sobresalientes son que cuenta con una gran originalidad y excelente información tanto en la creación como en la solución que presenta en la estrategia de inversión. En esta época de un materialismo absorbente, participar con un profesional que, antes de decidir y ejecutar su trabajo, se interesa particularmente por las condiciones humanas, familiares, las necesidades y proyectos de vida, en este medio por demás deshumanizado, es un gran regalo; su relevante actuación, inscrita dentro de la ética y el derecho, no tiene más límite que solucionar los problemas que se presentan.

Enrique Rábago de la Hoz
Magistrado
Empresario en Bolsa

Pocas personas tienen la claridad de ideas y la capacidad didáctica de Carlos. Sus enseñanzas son simples y de gran valor tanto para el inversor principiante como para el avanzado. A lo largo de una década, sus ideas me han aportado criterio a la hora de invertir y herramientas para tomar mejores decisiones financieras.

Leonardo Castro
Emprendedor
Director de empresas
Empresario en Bolsa

«Pregunta al agente, si en las inversiones que te ofrece, él mismo invierte». A partir de su sabia respuesta, con Carlos Ponce Bustos y sus compañeros de trabajo somos empresarios en Bolsa. Además, Carlos me ha enseñado, entre otras muchas cosas, a no temer los embates del toro, a conocer al Cisne Negro y a la precisa dimensión del oso. ¡Con Carlos, SNX!

Joaquín Mendoza Esquivel
Magistrado
Escritor
Empresario en Bolsa

Los últimos años, tanto en México como en el mundo hemos vivido situaciones inéditas, imposibles de predecir. Ante esta realidad y lo que vendrá, se vuelve fundamental invertir de tal forma que el capital que hemos logrado ahorrar se preserve y se incremente. Estoy seguro de que este libro aportará a quien lo lea una mayor comprensión del mercado de valores y la forma de invertir en él, ya que la trayectoria y experiencia de tantos años que posee Carlos Ponce nos garantiza que al leerlo, entenderemos cómo la disciplina, la paciencia y la visión a largo plazo son la mejor forma de invertir en los mercados de valores. Los resultados del fondo SNX son una muestra objetiva de esto. Le deseo a Carlos el mayor de los éxitos con este nuevo libro.

Salomón Presburger
Empresario líder del sector textil
Expresidente de la Concamin
Empresario en Bolsa

Hace 12 años leí el primer libro de Carlos Ponce y me convertí en una fiel alumna de su Estrategia Integral C4. Sin saberlo, Carlos me inspiró a seguir adelante y me enseñó a considerar a la Bolsa como la mejor forma posible de construir patrimonio a largo plazo. Hace 18 meses inicié mi inversión en su Fondo SNX y desde ese momento soy socia de los hombres y mujeres más poderosos del mundo a través de sus empresas, y también soy socia del mejor equipo de análisis bursátil con Carlos y todo su equipo. Me siento privilegiada y honrada, además de coincidir con él en nuestra misión para llevar la educación financiera a las mujeres, a los jóvenes y a todos los segmentos de la población para transformar sus vidas y el futuro de nuestro país. Gracias Carlos por todo.

Beatriz Mancilla Urrea
Coach financiero
Psicoterapeuta
Empresaria en Bolsa

Hace ya varios años tuve la fortuna de conocer a Carlos. Durante este tiempo he aprendido a apreciar la disciplina, la claridad, la vista de horizontes amplios y, sobre todo, a ser empresario en Bolsa. No se trata solo de descubrir tendencia, pues con el apoyo de Carlos Ponce aprendí a valorar el análisis y las estrategias con un sentido humano, y eso no tiene precedente en nuestro país.

Rafael Zaga Hadid
Emprendedor
Inversionista
Empresario en Bolsa

Invertir en Bolsa es adquirir una cierta habilidad, con el paso del tiempo, que nos permite vivir una vida más plena al tener en inversión nuestros recursos financieros a largo plazo; proporciona tranquilidad, seguridad y la libertad de decidir cómo y con quién emplear nuestro tiempo, teniendo como respaldo un sólido patrimonio. Es hora ya de construir y preservar este medio para lograr nuestro fin.

Manuel López
Emprendedor
Empresario en Bolsa

Es un gusto recomendar el nuevo libro de Carlos Ponce. Su conocimiento de los temas tratados, así como su éxito como analista financiero, están fuera de duda.

Fernando Clavijo
Economista
Consultor
Empresario en Bolsa

Al recordar cuando, años atrás, decidí invertir en Bolsa, no puedo evitar agradecer a Carlos las múltiples prestaciones a las que me ha invitado. Mi familia y yo hemos aprendido mucho acerca de la Bolsa y a tener confianza en los fondos que él y su equipo han sabido escoger mediante el monitoreo de cada empresa. Muchas gracias por tu esfuerzo y el de tu equipo.

Marco A. Nava Sandoval
Emprendedor
Empresario en Bolsa

Gracias a Carlos aprendí que invertir en Bolsa es sinónimo de ser empresario, ser socio de las mejores empresas del mundo y, de esta forma, construir un patrimonio, puesto que trabajar y ahorrar no es suficiente. Como empresaria en Bolsa me quedó claro por qué es «sin excusas» (SNX); es decir, el riesgo es no invertir en Bolsa. Agradezco a Carlos por haberme brindado esa confianza de invertir.

Viviana del Castillo
Directora general
Empresaria en Bolsa

Después de momentos históricos complejos y un año de pandemia con una economía tambaleante en México, mi experiencia fue difícil pero buena. Difícil, porque es necesario tener disciplina y paciencia; para ser empresario en Bolsa se debe considerar un horizonte a largo plazo y ser disciplinado para no tomar una decisión equivocada. Sin embargo, al contar con empresas líder con excelentes fundamentos y un fondo que te asesora, este camino es más fácil y menos complicado; se debe atender siempre a las señales que nos manda el mercado y a los indicadores de la economía en EUA, porque nuestro fondo SNX invierte principalmente en empresas globales. Buena, porque el equipo de SNX me ha asesorado y guiado para aprender que el pánico en la Bolsa me llevaría a tomar decisiones equivocadas. ¡Gracias por el apoyo!

Amalia Fabiola Ceballos Díaz
Emprendedora
Empresaria en Bolsa

DEDICATORIA

A nuestra muy estimada comunidad,* a quienes ya forman parte de ella y a los que se integrarán.

* Un conjunto de personas que coinciden en formas de actuar y pensar, comulgan con ciertas reglas y tienen los mismos intereses. Desde el inicio de SNX, invitamos a un grupo de amigos a formar parte de ella. La invitación está abierta. La mayoría somos socios a través del Fondo SNX y compartimos experiencias y puntos de vista de manera permanente, para así lograr un aprendizaje mutuo.

A LA MEMORIA DE DON CARLOS ROGELIO PONCE Y VARGAS («TIGRE»)

Durante el proceso de edición de este libro, mi papá se contagió de COVID y falleció el 18 de enero de 2021. Lo voy a extrañar, aunque estará siempre en mis pensamientos y acciones. Desde que era chico, siempre me acompañó a todos mis eventos (competencias, graduación, aniversarios, etc.). Me enseñó, me guio, me dio mucho y lo gocé mucho. Tenía una cita que decía «en la vida y en la carrera ni te rajes, ni le cortes», haciendo alusión a la importancia de terminar cualquier proyecto que uno emprenda y hacer todo de manera correcta, sin trampas. Ya nos veremos de nuevo cuando Dios lo disponga, mi muy querido «Tigre».

SATISFACCIÓN

Podemos terminar el día cansados por nuestra actividad laboral, pero lo más importante es terminar satisfechos.

Enrique Castillo Sánchez Mejorada

El epígrafe anterior fue una de muchas lecciones que grandes maestros míos me han compartido a lo largo de mi desarrollo profesional. Esta, en especial, la tengo presente, siempre muy presente, me la dijeron hace ya varios años... ¡Gracias don Enrique!

En su libro *Pasión y propósito*, Daniel Gulati y Oliver Segovia (2011) señalan con gran acierto que los dos días más importantes en la vida de un ser humano son cuando nace y cuando descubre el propósito de su existencia. En mi caso, poder compartir experiencias relacionadas con la realidad del mercado accionario como una alternativa de inversión para crear y conservar patrimonios que contribuyan a un mejor balance de vida, además de algunos de otros objetivos de carácter familiar, me hacen levantarme todos los días con gran entusiasmo. Cuando recibo información sobre la manera en que mi trabajo ayuda a alguien, la satisfacción y gusto no se comparan con nada; descubro que ha valido la pena y que es importante seguir haciéndolo. En este caso, consiste en seguir escribiendo libros. En plena crisis económica por la pandemia, el 15 de agosto recibí el siguiente correo de Bety Grajales. Muchas felicidades, Bety, pero sobre todo, ¡muchas gracias!

15 de agosto de 2020

¡Hola!

Aprovecho la oportunidad para darle las gracias por todos los sabios consejos que me facilitó desde pequeña, ¡usted sin saberlo cambió mi vida!

La primera vez que leí su libro (La Bolsa de Valores es para los niños) *fue a los 21 años; fue por pura casualidad que, al entrar a trabajar a una librería de libros usados, me topé con uno de sus ejemplares.*

¡Fue mágico, como si el libro estuviera esperando por mí!

He de ser sincera, la primera vez que lo leí no le entendí muy bien, pero me llamó mucho la atención esa frase que mencionó en su libro que la Bolsa de Valores y el dinero son instrumentos para cumplir nuestros sueños.

En mi familia nunca hablábamos de dinero, inclusive hasta la fecha no lo hacemos. Por lo que sus dos libros, pero en especial La Bolsa de Valores es para los niños, *cambió mi perspectiva e inculcó en mí una sólida (a mi parecer) cultura del ahorro, lo que me permitió cumplir a mi corta edad el sueño que para mí, en ese momento, parecía imposible.*

Precisamente por eso, por ese sueño que me ayudó a cumplir gracias a que seguí sus sabios consejos de hacer un fondo de emergencia, seguro de gastos médicos y de vida, estoy tan tranquila ahora, en tiempos de pandemia, cuando todos se encuentran aterrorizados.

Quiero darle las gracias por enseñarme a invertir en Cetes, enseñarme a ahorrar y gastar menos de lo que gano. Gracias por enseñarme que cuando uno es joven, sus gastos son tan flexibles como uno los quiera hacer.

Hoy, a mis 26 años estoy más que segura de querer invertir en Bolsa y de poder hacerlo cuando vuelva a recuperar mi fondo de emergencia, que por cierto ha sido mi salvavidas desde que la empresa donde laboraba me despidió.

Aparte de agradecerle, le quiero pedir un sincero consejo. En sus dos libros menciona que las sociedades de inversión son un gran instrumento para quienes quieren invertir en Bolsa sin saber casi nada del tema de las inversiones. Menciona que se puede invertir desde 10 000 pesos, pero también dice que entre más joven se empiece, mejor. Hasta la fecha, en Internet he encontrado que el monto mínimo de inversiones es de 50 000 (para entrar a una sociedad de inversión). Para ser sincera, me resultaría un poco complicado, por no decir imposible, juntarlos antes de que finalice el año; tendría que escoger entre el fondo de emergencia o la Bolsa. El monto de 10 000 anuales me parece más viable, pero a la fecha no he encontrado una sociedad de inversión que acepte mi entrada con ese monto. ¿Conocerá alguna? ¿Qué me aconseja?, de hecho la razón por la que busco invertir en Bolsa es que deseo retirarme a los 50 (máximo) y no a los 65 como casi todo el mundo y, entretanto, quisiera comprar mi casa.

Espero no haberle molestado y busco agradecerle por el tiempo que se tomó en leer este correo.

Bendiciones,

Beatriz Grajales

AGRADECIMIENTO

Dos monjes solían orar todos los días. Uno de ellos lo hacía con un gesto de preocupación y angustia. El otro, siempre sonreía mientras oraba. Un buen día, el primero no resistió y preguntó cómo hacía para manifestar esa alegría y tranquilidad en sus oraciones. El segundo respondió: «En mis oraciones no pido, solamente agradezco».

No terminaría de mencionar a muchos a quienes agradecer, no solo para la realización de este libro, sino para la culminación de un proyecto profesional. Gracias a Dios, a mi familia: mi novia eterna, Marthita; mis increíbles hijos, Martha María («Semilla»), Carlos («Charly») y Bruno («Bru»), y a mis mejores ejemplos de vida: mis papás Carlos y Judy. A Héctor Madero, presidente y director de Actinver, por su invitación, apoyo incondicional y por prologar esta obra. A Ernesto Mariscal y Fernando Pérez, quienes aceptaron hacer la presentación y el texto de la contraportada de este libro. Ambos profesionistas extraordinarios, pero antes que nada personas de primera. Todos muy comprometidos con promover nuestro mercado. A mis muy estimados amigos, José Luis Ramírez («Joe») y Alexandro Santillán («Alex»), socios desde el inicio de SNX. A todos los amigos que dieron un testimonio de la realidad de la inversión accionaria. Y a la editorial LID, creadora de nuestra Biblioteca SNX, a través de su directora en México, cómplice y buena amiga, Ada Laura Luna.

ÍNDICE

Prólogo de Héctor Madero Rivero 25
Presentación de Ernesto Mariscal Gorozpe 29
Introducción 31

PARTE 1
AÑO DE LA COVID-19

Actuar rápido 39
Consecuencia de estímulos 44
Mis pesadillas 46
Bolsa inmune a pandemias 50
Aislamiento y conocimiento 52
En busca de «la señal de recuperación» 54
Recompra de acciones: otra buena señal 56
Colocaciones: sinónimo de confianza 58
4 reglas de la economía pandémica 60
Temperamento. ¿Lo tiene? ¡Lo necesita! 65
Limpieza: buena para los mercados 67
Petróleo cotizó en $0 dólares 69
EUA: estadística electoral 71
Septiembre terrible 73
EUA: el mejor predictor electoral 75
Catalizador: resultados trimestrales 77
No es una ciencia exacta 79
¿Mercado caro? Muy relativo 81

De lluvias y arcas 84
Constructores de molinos 86
Estadística de *splits* 88
La economía y los mercados ¡no están desconectados! 90
Economía global: ¿quién es quién? 93
PIB: EUA versus México 95
El vendedor de sushi 97
Termómetro bursátil 99
Historia de devaluaciones 101
Tecnología: ¡no hay duda! 103
La nube tecnológica 105
Crecimiento: origen e impacto 107
¡No venda! No se traicione a usted mismo 109
Muchas excusas, pero ninguna buena razón 111
Burbujas 113
Quiebras en EUA 116
2021: futuro prometedor 118
La era poscovid, ¿está preparado? 120

PARTE 2
MITOS DE LA EDUCACIÓN FINANCIERA EN MÉXICO

Los mitos 125
9 mitos financieros arraigados y peligrosos 128
El dinero: un medio, no un fin 130
La inversión es solo para especialistas 137
Sobre la esperanza de vida 141
Tasa bancaria... El riesgo de lo seguro 143
Los bienes raíces no lo son todo 146
La casa y el auto, ¡no! 151
El riesgo y el rendimiento no son iguales para todos 153
Conocimiento: la medicina para el miedo 157
¿Por qué la bolsa sube siempre a mayor plazo? 161
Creadores de patrimonio: inversionistas y empresarios 164
Utilice su ventaja como consumidor 171
La educación financiera del cajero y el carpintero 174

¿Cómo le hacen los que más tienen? 176
Naturaleza de supervivencia y valor de hábitos en bolsa 179
¿Cuándo me retiro? 182

PARTE 3
COMPLEMENTOS PARA LA VACUNA

Influencias: los tres tipos 189
Piense y actúe como empresario 191
Invierta, no especule 193
Comenzar temprano 195
El señor mercado y el margen de seguridad 197
Diferencia entre ahorrar e invertir 199
Primera pregunta: precio objetivo 202
¡Gane al evitar errores! 206
Otros 2 grandes errores 210
En busca de un portafolio balanceado 213
¡Compre la noticia! 215
Las 9 reglas de Peter Lynch 217
Temporada de decisiones: reportes trimestrales 220
El tiro de Bruno 222
Los dos lobos 224
Aprender de aciertos y errores 226
Sea paciente 228
Confundir lo conocido con lo seguro 230
¿Gran empresa o gran inversión? 232
El «cruce dorado» y el «cruce mortal» 234
No se case con sus inversiones 236
En plática con los jóvenes 238
Afortunada coincidencia 240
¡Hasta pronto! 243
¿En dónde venía? 244

PRÓLOGO

La educación es uno de los factores que más influye en el progreso de las sociedades. En efecto, en las economías modernas, la productividad y la competitividad económica dependen cada vez más del avance tecnológico y científico. Es por ello que elevar la calidad de la educación se ha convertido en uno de los ingredientes principales para que los países puedan alcanzar mayores tasas de crecimiento y desarrollo económico.

Dentro de los esfuerzos de educación, uno que en particular debe enfatizarse es el desarrollo de la educación financiera.

Desde mi punto de vista, la educación financiera es relevante ya que brinda herramientas a las personas para que puedan tomar mejores decisiones y, con ello, mejorar su calidad de vida.

Reflexionando un poco, todos los días tomamos decisiones de consumo que a lo largo del tiempo tienen un impacto significativo en nuestro patrimonio y que, por ende, repercuten en la forma en que viviremos nuestra vejez. Las decisiones pueden ser tan básicas como la compra de un aparato electrónico con la tarjeta de crédito, hasta otras más sofisticadas como adquirir un crédito hipotecario para comprar una vivienda.

En este sentido, creo que en México hace falta un esfuerzo importante para mejorar la educación en materia financiera. Hacerlo es un compromiso de todos. En particular, las instituciones financieras debemos poner a disposición de la población plataformas, herramientas y contenido que ayuden a las personas a incrementar su conocimiento sobre el uso responsable del crédito, que aprendan la importancia de los seguros en su vida diaria y tomen mejores decisiones de inversión para incrementar su patrimonio. Estoy convencido de que el avance de la cultura financiera en el país tiene un impacto profundo en la calidad de vida de las personas.

Por tal motivo, reconozco los esfuerzos y la dedicación de Carlos Ponce a lo largo de su vida profesional para elevar la calidad de la educación financiera en nuestro país. A través de sus libros, y de este en particular, *Vacuna patrimonial y 9 mitos de la educación financiera en México*, Carlos está apoyando de manera importante la difusión y educación del mercado de valores.

En general, creo que existe una percepción errónea en torno al mercado de valores, ya que llega a pensarse que es una especie de juego de azar. Nada más lejano a la realidad. Gran parte de estas creencias se debe a que existe una serie de mitos que nos heredaron nuestros familiares o que obtenemos de la información que vemos en los medios de comunicación. Como resultado, las personas deciden alejarse del mercado de valores y dejan pasar una oportunidad valiosa para la construcción de su patrimonio.

A lo largo de esta obra, Carlos aborda muchos de estos paradigmas y demuestra por qué son falsos y cómo se puede romper con ellos, así como nos presenta una alternativa para superarlos.

El mensaje central que Carlos nos presenta es que ser un inversionista exitoso no consiste en obtener rendimientos exorbitantes al entrar y salir de las Bolsas en el momento oportuno. Para ser un inversionista exitoso hay que incrementar nuestro patrimonio de forma consistente a través de la toma adecuada de decisiones y de la participación constante en los mercados para que podamos aprovechar las oportunidades que se presentan.

Otro aspecto positivo del libro es que está adaptado al mercado mexicano. Es decir, los consejos y las recomendaciones que Carlos nos presenta pueden llevarse a cabo con los instrumentos que actualmente ya se encuentran disponibles en el país. Es importante mencionar que el avance tecnológico ha permitido que los pequeños inversionistas tengan a su disposición una amplia gama de instrumentos financieros, que van desde lo más simple hasta comprar con montos pequeños acciones en grandes empresas tecnológicas como son Google, Apple o Netflix.

En ocasiones, estos temas pueden parecer abrumadores en primera instancia. Sin embargo, les aseguro que después de leer este libro podrán tener una mejor comprensión de lo que implica invertir, de la importancia de planear nuestro patrimonio y de la forma en que podemos comenzar a hacerlo.

Felicidades, Carlos, por poner a nuestra disposición este tipo de información, por tu esfuerzo por impulsar la cultura financiera en el país y por las gratas experiencias que hemos vivido a lo largo de estos años. Es un honor para mí el que me hayas invitado a escribir estas líneas y te animo a que continúes con esta importante labor. Como solemos concluir nuestras conversaciones, aún falta mucho por hacer y ¡LA OPORTUNIDAD ES ENORME!

Héctor Madero Rivero
Presidente
Grupo Financiero Actinver

PRESENTACIÓN

Desde hace más de 23 años que participo en el medio financiero, siempre he sabido quién es Carlos Ponce; lo he leído por varios años en sus columnas, libros y artículos. De alguna u otra forma, aunque no conozcas personalmente a alguien que es destacado en este medio, siempre sabes en dónde anda.

Fue hace cerca de 2 años que un conocido común organizó una comida con él y me dio mucho gusto conocerlo personalmente. Recuerdo que fuimos a un restaurante en Polanco y que la plática fue sumamente agradable. En Carlos reconocí a alguien completamente comprometido en impulsar el mercado de valores, y de inmediato comulgamos con la filosofía que Actinver ha trabajado desde hace años y que seguirá haciendo.

Carlos me platicó que estaba por independizarse para crear SNX. Supe que él, su equipo y SNX tendrían éxito por el planteamiento y la estructura del proyecto. Al conocer los valores, el objetivo y filosofía supe que este gran proyecto de Carlos había que hacerlo en alianza con Actinver. Después platicó con Héctor Madero, presidente de Actinver y sucedió lo mismo: una unión de filosofía y valores. Ahí empezó esta alianza y crecimiento de SNX.

La participación de Carlos y el equipo de SNX en Actinver va más allá de tener uno de los mejores fondos del mercado en México. A Actinver le ha otorgado un valor agregado en distintos temas como pláticas, contenidos y lecturas sumamente valiosas, además de teorías para entender el mercado en tiempos sumamente difíciles como la pandemia que estamos viviendo desde ese complicado 2020.

Por mencionar un ejemplo, entre muchos, en el que Carlos nos ha apoyado, puedo decir que en marzo de 2020, el año de la pandemia, cuando el mercado estaba viviendo una de las bajas más dramáticas por la velocidad y la fuerza con que sucedía, le pedí su apoyo para hacer algunas llamadas con clientes que estaban nerviosos por lo que estaba sucediendo y por las notas de pánico que la mayoría de los medios estaban dando. Tuvimos seis llamadas en una mañana y, como un gran conocedor y con la experiencia de haber vivido ya varias crisis, les dio a estos clientes argumentos claros de cómo se comportan los mercados cuando hay incertidumbre; y, lo más importante, aclaró la oportunidad enorme que había que aprovechar, ya que los precios que estábamos viendo no volverían a presentarse.

Como pocos, Carlos vio esta oportunidad de forma clara, y desde marzo hasta agosto de 2020 el mercado tuvo una de las recuperaciones más fuertes que se han visto. La forma en la que él y su equipo entienden y transmiten de forma clara y oportuna su visión, tanto general como en el detalle de las emisoras, es única.

Las notas diarias que SNX envía son sumamente útiles, valiosas y las puede entender cualquier persona que no tenga conocimientos financieros elevados.

Lo que usted encontrará en este libro es parte de esa historia, de la que habrá que aprender mucho y de la que fuimos no solo testigos, sino actores.

Ernesto Mariscal Gorozpe
Director ejecutivo
Grupo Financiero Actinver

INTRODUCCIÓN

La paciencia es la mejor medicina.

John Florio

CONTEXTO GENERAL

Comencé y terminé este libro durante la pandemia de coronavirus o COVID-19. A diferencia de otras crisis que me ha tocado vivir a lo largo de 35 años de actividad profesional como analista, estratega y ahora dueño de mi propia compañía (SNX, Constructores de Patrimonio), que promueve la inversión bursátil, en este tiempo fallecieron varios amigos y conocidos.

Mientras escribía este texto, la ciencia se concentraba en desarrollar una vacuna efectiva para un nuevo virus que nos obligó a permanecer aislados en nuestros hogares por varios meses (en México llevábamos seis hasta septiembre de 2020). Varias empresas han quebrado en el mundo por un cierre forzoso para evitar mayor contagio, y esto ha generado un desempleo como el que no veíamos desde hace muchos años. El trabajo y la escuela desde casa se volvieron la nueva «normalidad», así como las reuniones y juntas a distancia. Las estimaciones de caída en el Producto Interno Bruto en México al mes de septiembre de 2020 eran entre el -9.0 % y el -12 % (me temo que pueda ser peor). El problema real es más grande, pues la medición del PIB ocupa solo la actividad formal de la economía. En México, la actividad informal se estima hasta en un 57 %, y una gran mayoría de empresas son pequeñas y medianas. La salida al trabajo de los empleados, muchos de los cuales utilizan transporte público, ha ocasionado que el contagio de la COVID-19 en nuestro país no haya cedido desde que el virus llegó a México a inicios del mes de marzo de 2020. Al revisar este texto (18 de septiembre de 2020), las cifras oficiales indicaban 684 000 contagios y 72 179 muertes. Muchos medios locales e internacionales afirman que son muchas más. En el mes de mayo, la Universidad de Washington en EUA predijo 50 000 decesos para agosto en México. En ese momento me pareció una exageración, pero lamentablemente no solo alcanzamos la cifra, sino que la superamos. Las autoridades de salud en nuestro país señalaron un máximo de 60 000 defunciones como el escenario más pesimista.

Como siempre, las crisis generan lecciones. Dicen que el mundo cambiará tras esta pandemia. La historia demuestra que los grandes cambios del planeta han sido precedidos por un desastre natural de grandes proporciones, una guerra mundial o una pandemia. Sucederá de nuevo, no tenga la menor duda. La industria tecnológica seguirá dando mucho de qué hablar en los próximos años, y estoy completamente seguro de que, en algún momento, cuando usted lea o recuerde este libro en unos años más, la COVID-19 será ya historia y los mercados accionarios marcarán nuevos máximos; sin dejar de reconocer en lo más mínimo las lamentables pérdidas y tragedias de 2020, para efectos de inversión, será recordado como un año de grandes oportunidades. Así ha sido siempre con las crisis. Sucedió durante la financiera de 2008 originada por créditos hipotecarios en EUA; con los terribles atentados a las Torres Gemelas en Nueva York, el 11 de septiembre de 2001, por mencionar solo dos ejemplos. No obstante, me parece que la gran lección de la crisis de la COVID-19 ha sido y será reconocer la importancia de poder contar con un patrimonio en épocas complicadas (desempleo, recorte salarial o de prestaciones, etc.). En estos momentos, muchas personas sostienen que su mayor preocupación es la falta de liquidez para poder contener distintas dificultades económicas. Lamentablemente, en su momento no atendieron el ahorro y sobre todo la inversión (aunque podían hacerlo). Nunca imaginamos la posibilidad de un aislamiento con consecuencias económicas cuyo alcance se desconoce realmente, hasta el momento de escribir estas líneas. El sabio chino Confucio insistía en que «no hay nada peor de la experiencia, que no aprender de la experiencia».

LA VACUNA PATRIMONIAL

Por increíble que parezca, en medio de la pandemia los mercados accionarios de EUA observaron recuperaciones importantes (inmunidad). Sin poder evitar una natural volatilidad y tras la corrección histórica más rápida del índice S&P 500 en EUA (caída de más de un 30 % en 16 días, hasta el mes de marzo), propiciado por el temor e incertidumbre de los primeros contagios en ese país, volvieron igual de rápido a registrar nuevos niveles récord máximos. Los participantes en este mercado validamos de nuevo sus beneficios y, de cierta manera, pudimos sentirnos «aliviados». ¡Sí!, la «vacuna patrimonial» a través de la inversión bursátil volvía a demostrar su efectividad. En medio de la pandemia destacaron empresas ganadoras, aquellas que tuvieron mayor demanda en sus productos dado el contexto. El comercio electrónico, el uso del almacenamiento de datos en la nube, nuevas formas de reunión, entretenimiento y capacitación en casa, y la natural demanda de artículos para la salud y limpieza son solo algunos ejemplos del tipo de sectores y empresas que vieron crecer sus precios en el mercado de manera destacada. También hubo un grupo de compañías que observó castigos irracionales en sus precios, lo que propició enormes oportunidades para atender escenarios de mayor plazo. ¡Todo esto no se puede olvidar!

OTRO LIBRO

Pero solo si se documenta, no se olvidará. Escribir libros me ha permitido guardar y compartir experiencias. Así que aquí tiene una parte de la historia vista a través de un actor apasionado del mercado accionario que busca comunicar una vez más la realidad de lo que representa: ser empresario en Bolsa. Pero no se preocupe; sí que he contado con la distinción de que usted ya haya leído alguno de mis libros que conforman la Biblioteca SNX, y no seré repetitivo. Aunque no pude evitar insistir en conceptos y temas importantes, le garantizo que recibirá nuevas experiencias que podrían serle muy útiles.

ESTRUCTURA

En la primera parte del libro, usted se convencerá de la inmunidad a mayor plazo de la inversión bursátil contra cualquier tipo de «virus». Compartiré material atemporal que escribí en estos días complicados (en varios hago referencia a la fecha). Sin embargo, es importante que usted se dé cuenta de que muchos indicadores o «señales» que comentamos han sucedido y seguirán sucediendo; se trata de indicadores útiles en cualquier momento.

En la segunda parte, vamos a «vacunarnos» de algunos mitos que nos impidieron estar preparados para las dificultades que trajo el año 2020, una situación que no puede volver a suceder. Como en otros de mis libros, usted no necesita seguir un orden específico. Siéntase con la libertad de leer cualquier capítulo. El contenido de las tablas y gráficas es relativo, pues con la dinámica del entorno, al día siguiente ya no eran actuales. Ayudan a entender el contexto en el que se elaboraron, pero resulta más importante la conclusión que soportan.

La tercera y última parte («Complementos para la vacuna») contiene capítulos que ayudarán a su formación como participante de este mercado, útiles ante cualquier coyuntura.

Al final del libro, usted encontrará hojas diseñadas cuyo propósito es que pueda apuntar las páginas del libro que más le hayan interesado o que quisiera consultar de manera más ágil posteriormente. Un amigo (Román Uribe) me enseñó esta técnica que llevaba a cabo su papá y que le facilitaba la consulta de sus libros, en lugar de, o además de, subrayarlos o poner «papelitos» entre las hojas.

INVERSIONISTAS DEL MUNDO

A diferencia de mis primeros libros, la mayoría de los capítulos en el texto que hoy está iniciando se refieren a mercados globales, en particular a la Bolsa de EUA. ¡No es casualidad!, la Bolsa Mexicana de Valores ha tenido un desarrollo extraordinario en brindar la posibilidad de invertir desde México a nivel mundial a través del Sistema Internacional de Cotizaciones (SIC). Desde hace tiempo, tenemos la oportunidad de ser inversionistas y dueños de las mejores empresas en el mundo. De hecho, nuestro fondo SNX invierte más del 80 % de sus activos en empresas globales. Esto no era así hace algunos años. Recuerde el proverbio holandés que suelo repetir en conferencias, clases y textos: «No puedes impedir los vientos, pero puedes construir molinos». ¡Aprovechémoslo!

NUESTRA RAZÓN DE SER

Probablemente ya sepa que las siglas SNX de nuestra firma son la abreviación de la expresión «Sin excusas». Es breve, pero invita a una manera de actuar poco tradicional, en la que nos hacemos responsables al 100 % de nuestros actos y aceptamos sus consecuencias. El reloj de arena en la «X» representa la importancia del tiempo, nada es más lamentable que perderlo. Regresando a la reflexión sobre la importancia de encontrar un propósito, en SNX nuestra meta es ayudar a construir y preservar patrimonios y convencer a todos que este objetivo debe ser visto como un medio y no como un fin. La creación y preservación de patrimonio representa la posibilidad de tener estabilidad económica (financiera), como un medio para atender temas más relevantes que nos permitan alcanzar un objetivo universal aun más trascendente: ¡ser feliz! El concepto es muy personal. En SNX consideramos que existen tres ingredientes básicos para ser feliz: 1) salud, 2) compañía y 3) estabilidad financiera. Los tres pequeños círculos que acompañan nuestro emblema los representan. El que se resalta en medio con color rojo-naranja está relacionado con la estabilidad económica, pues es el que podemos ofrecer gracias a nuestra experiencia y especialidad profesional.

CONTEXTO PERSONAL

Durante esta pandemia, pensé en los tres círculos de nuestro emblema SNX. Agradezco mucho a Dios y pido por la salud en primer lugar; en segunda medida, me hubiera vuelto loco en este aislamiento de no ser por la compañía de mi familia (mi novia eterna y esposa desde hace 27 años, Marthita; mis increíbles hijos «Semilla», «Charly» y Bruno, además de la comunicación permanente con mis papás, Carlos y Judith).

En una de esas semanas de aislamiento, mi hijo Bruno recibió una carta de su escuela, el Instituto Piaget, que me gustó muchísimo y que compartí en una de las notas que publico diariamente para la COMUNIDAD SNX. Invitaba a las familias a estar unidas para sobrellevar el aislamiento, entender que es por nuestra salud; a fortalecernos y apoyarnos mutuamente. Ante la potencial aburrición y hartazgo, no podíamos olvidar que no todo estaba cancelado con el aislamiento:

- El sol no está cancelado
- La primavera no está cancelada
- Las relaciones no están canceladas
- El amor no está cancelado
- Leer no está cancelado
- El cariño no está cancelado
- La música no está cancelada
- La imaginación no está cancelada
- La bondad no está cancelada
- Las conversaciones no están canceladas
- La esperanza no está cancelada

Durante el encierro he convivido más con la familia, nos retamos a llevar a cabo actividades que de otro modo no haríamos y resultó divertido. Junto con mis amigos y socios, José Luis Ramírez («Joe») y Alex Santillán, hemos podido ayudar con los buenos resultados del Fondo SNX a familias e individuos; teníamos lista la vacuna patrimonial.

Seguramente, cada uno de nosotros tiene sus propias historias y aprendizajes en el año de la COVID-19, que habrá que tener siempre presentes. Aquí tiene parte de lo que a mí me tocó vivir y compartir.

Carlos Ponce Bustos

PARTE 1

AÑO DE LA COVID-19

ACTUAR RÁPIDO

Eres libre de tomar tus decisiones, pero también prisionero de las consecuencias.

Anónimo

DE CHINA PARA EL MUNDO

Alguna vez escuché que cuando identificas un problema pequeño es indispensable resolverlo de inmediato. De otro modo, se corre el riesgo de que el problema crezca y se torne más complicado de solucionar. Esta es una buena descripción de lo que algunos países decidieron hacer con la COVID-19.

El nuevo virus SARS-CoV-2 tuvo su origen en la ciudad de Wuhan, en China. A mediados del mes de diciembre de 2019, las autoridades sanitarias de Wuhan detectaron una serie de casos de neumonía producida por una causa desconocida. En ese momento se originó una alarma sobre una nueva enfermedad extraña hasta el momento. Tres meses después se habían constatado más de 150 000 casos y cerca de 6000 muertos en todo el mundo, según los datos del Centro Europeo para el Control de Enfermedades (ECDC, por sus siglas en inglés). Una primera investigación sobre el origen de esta enfermedad, publicada en la revista *The Lancet*, determinó que se trataba de un nuevo tipo de virus, de la familia *Coronaviridae*, emparentado con el síndrome respiratorio agudo severo (SARS, por sus siglas en inglés) y con el síndrome respiratorio de Oriente Medio (MERS, siglas también en inglés), pero que no es igual a ninguno de ellos.

Para averiguarlo, estudiaron diez muestras genéticas tomadas de pacientes procedentes de Wuhan, que incluían ocho genomas completos y dos genomas parciales. Los coronavirus son una serie de virus llamados así por su forma, ya que tienen una especie de corona (como la de un reloj) alrededor del virión, del «núcleo» del virus. Estos organismos conviven con el ser humano desde siempre, y hay muchos tipos que padecen tanto animales como humanos. Sin embargo, el primer análisis comparativo de esta nueva enfermedad determinó que el 2019-nCov (nombre provisional del virus que finalmente fue denominado SARS-CoV-2) era «suficientemente distinto» de los otros dos betacoronavirus de gravedad detectados en humanos, el SARS y el MERS, para ser considerado como una nueva enfermedad: la COVID-19.

El 2019-nCoV estaba estrechamente relacionado (con una identidad del 88 %) con dos coronavirus similares al síndrome respiratorio agudo grave derivado del murciélago (SARS), bat-SL-CoVZC45 y bat-SL-CoVZXC21, recolectados en 2018 en Zhoushan, al este de China, pero estaban más distantes del SARS-CoV (aproximadamente el 79 %) y del MERS-CoV (aproximadamente el 50 %). El punto común de los primeros casos del nuevo coronavirus fue el mercado de la ciudad china de Wuhan, un mercado de animales, en la provincia de Hubei: ese fue el epicentro de la crisis sanitaria declarada a nivel mundial. De ahí la importancia de averiguar desde qué animal «dio el salto» el coronavirus para infectar a los humanos. «Aunque nuestro análisis filogenético sugiere que los murciélagos podrían ser el huésped original de este virus, un animal vendido en el mercado de mariscos en Wuhan podría representar un huésped intermedio que facilita la aparición del virus en humanos», explican los investigadores. No obstante, también se comentó la posibilidad de que fuera el pangolín el huésped intermedio que facilitó la mutación del coronavirus. Sin embargo, las secuencias genéticas de las muestras estudiadas fueron casi idénticas puesto que compartieron más del 99.98 % de la misma secuencia, lo que indica, según los investigadores, «una aparición muy reciente del virus en humanos», que apenas ha tenido tiempo de mutar. Muchos meses después se descartó su origen en animales.

ESTÍMULOS, TASAS, VACUNA, INGENIO, ADAPTACIÓN

No pretendo hacer una descripción minuciosa del desarrollo de los mercados, sobre todo del de EUA, durante los meses de la pandemia, pues los sucesos fueron muchos y de distinta índole. Lo más importante, como comenté al inicio de este capítulo, es identificar la manera en la que el gobierno de EUA actuó con rapidez y mucha agresividad. No solo disminuyó tasas de interés a niveles del 0 %, que favorecieron a todos los endeudados, sino que asignó recursos a sectores, empresas y familias que se habían quedado sin empleo. Atender el desempleo resultaba indispensable. Tras haberse recuperado con mucho trabajo y tiempo de la crisis de 2008 y de tasas de desempleo que superaron el 10 %, que logró disminuir de nuevo al 3 %, en abril de 2020, EUA amenazaba con alcanzar el 20 % a causa de la COVID-19. La lógica del gobierno de Donald Trump era «tenemos que salvar a las empresas, pues cuando esta pandemia logre superarse, las personas desempleadas necesitarán un trabajo al cual regresar». Lamentablemente, no todos los gobiernos (incluido el nuestro) tuvieron la capacidad, experiencia o recursos para hacer lo mismo.

La siguiente gráfica ilustra a la perfección el impacto de dichos estímulos. Luego de la caída más fuerte en el menor tiempo (el índice S&P 500 cayó cerca del -35.0 % en tan solo 16 días), la recuperación fue constante y relativamente rápida. Si bien se presentaron algunos ajustes relacionados con el repunte de la COVID-19, cuando se decidió reabrir la economía y se llegó a comentar de un escenario muy retador, poco a poco el sentimiento de superación de la crisis permeaba cada vez más entre los participantes del mercado.

Índice S&P 500 (agosto de 2019 – agosto de 2020)

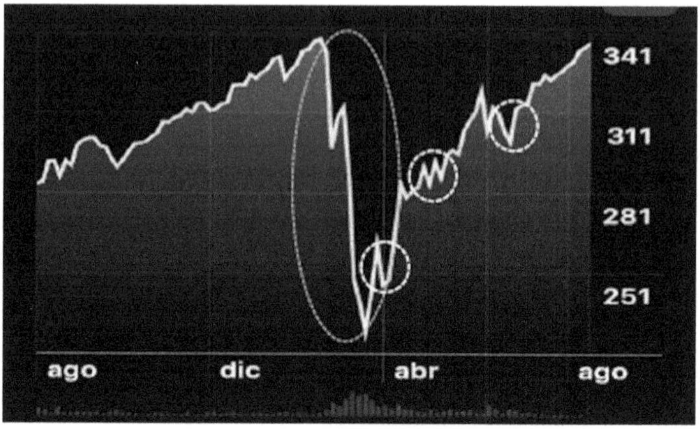

Fuente: Bloomberg.

«Si los participantes se mantienen optimistas, el avance continuará, pues incluso eventos inciertos son justificados cuando el contexto es optimista como en este», escribí el 31 de agosto de 2020 en una nota para inversionistas de la Comunidad SNX.

Cuando el mercado de valores en EUA comenzó a recuperarse de los mínimos de marzo de 2020, los escépticos no tardaron en descalificarlo: «No puede durar, solo mire el estado de la economía», dijeron. «Va a caer de nuevo», aseguraban. Esta advertencia se repitió una y otra vez, incluso cuando el S&P 500 avanzó más del 50 % y agregó $10 000 mdd en valor en poco tiempo. La percepción de los participantes cambió después del verano del año pasado y varios analistas enumeraban distintas evidencias para justificar mayores ganancias, citando desde los nuevos objetivos de política de la Reserva Federal hasta inmensas cantidades de efectivo que estaban disponibles para ser utilizadas, además de un creciente optimismo de que la vacuna para la COVID-19 estaría lista antes de finalizar 2020. «No veo qué va a cambiar la perspectiva de la gente sobre por qué deberíamos dejar de comprar», dijo Randy Frederick, vicepresidente de operaciones y derivados de Charles Schwab & Co. «Si continuamos comprando y tenemos algunos retrocesos más, lo cual creo que es probable, la gente simplemente seguirá entrando y comprará más ante cualquier caída». A raíz del aumento del S&P 500, varios estrategas elevaron su pronóstico sobre dónde terminaría el índice en 2020. Goldman Sachs Group y RBC Capital Markets lo hicieron a principios del verano pasado. Brian Belski, estratega jefe de inversiones de BMO Capital Markets, restableció su objetivo S&P 500 de fin de 2020 de 3650 puntos, y subrayó el ingenio de las empresas estadounidenses y la capacidad de la sociedad para adaptarse y superar problemas. Shawn Snyder, jefe de estrategia de inversión de Citi Personal Wealth Management, dijo que parecía poco probable que el Banco Central permitiera que ocurriera una gran caída en las acciones. «Cuando los inversores creen eso, les da un exceso de confianza y están dispuestos a asumir más riesgos y comprar acciones a pesar de que las valoraciones son altas», dijo Keith Lerner, de SunTrust Advisory Services, e insistió en que los precios récord no debían considerarse una preocupación, ya que la historia muestra que las acciones tienden a ganar un 9.2 % adicional durante los doce meses siguientes a un máximo histórico. Y dijo que se está produciendo una transición importante: las ganancias parecen ser nuevamente un factor importante en el movimiento alcista. Además, las valoraciones podrían mantenerse elevadas dada la falta de otras opciones atractivas para poner el dinero a trabajar (tasas de interés muy bajas). Victoria Fernández, estratega jefe de mercado de Crossmark Global Investments, señaló que cualquier posible noticia positiva sobre la COVID-19 respaldaría las acciones, y la Reserva Federal con tasas tan bajas sería extremadamente estimulante.

A mediados de septiembre de 2020, los mercados registraron nuevas correcciones y alcanzaron mínimos de dos meses antes. La justificación fue un alza muy rápida, valuaciones altas y la proximidad de elecciones presidenciales en EUA. Nada insólito, una nueva manifestación de pánico e incertidumbre muy recurrente. Insisto, será superada y recordada como ventana de oportunidad.

CONSECUENCIA DE ESTÍMULOS

No hay premios ni castigos, únicamente consecuencias.

Marthita (cuando habla con nuestros hijos)

ENTRE LOS PAÍSES MÁS RICOS (DESARROLLADOS)

EUA destinaba aproximadamente el 14 % de su PIB a diversos estímulos económicos (dirigidos a empresas y ciudadanos), además de la baja en las tasas de interés a niveles del 0 % que antes mencioné. En México, esa proporción de estímulos fue apenas del 0.8 % del PIB. La «locura» del presidente Trump del 9 de agosto de 2020 de aprobar por decreto nuevos estímulos, que el Congreso discutía (y retrasaba), se calificó de ilegal y las pláticas se estancaron. No obstante, se decía que se retomarían para tener algo antes de las elecciones presidenciales del 3 de noviembre. Esto era urgente, pues los apoyos económicos a individuos habían terminado en julio. Además, los estímulos habían sido clave para detener un mayor deterioro de la economía, pero sobre todo para una expectativa de recuperación futura más fuerte. La siguiente gráfica compara el deterioro económico en el 1T20 y 2T20 entre el grupo de las economías más ricas del mundo. EUA había sido la menos «golpeada». Para 2021 se esperaba que la mejora económica y la base de comparación se tradujeran en un crecimiento promedio anual de más del 26 %

en las utilidades netas de las 500 empresas del índice S&P. La anticipación de estos números debería mantener al mercado accionario de EUA en una tendencia alcista la segunda parte del año.

Doble golpe

El Reino Unido (RU) presenta la mayor contracción económica entre países desarrollados al 2T20 y tiene además la mayor tasa de decesos por la COVID-19

PIB Var. porcentaje 2019

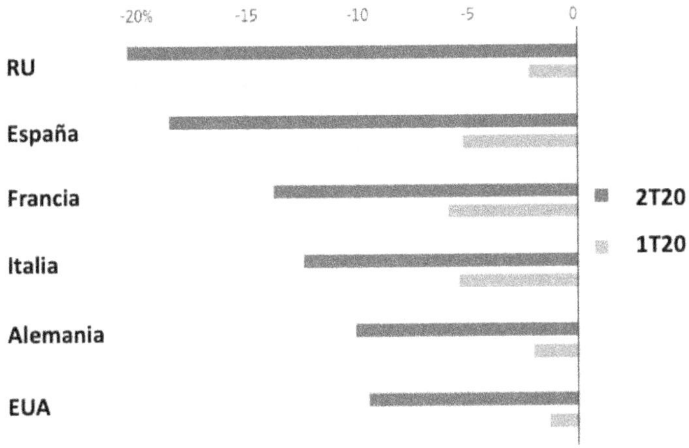

Nota: ajustado por factores estacionales.

Fuente: Office for National Statistics (RU); Eurostat (otros países europeos), Bureau of Economic Analysis (EUA).

MIS PESADILLAS

Nos prometieron que los sueños podrían volverse realidad.
Pero se les olvidó mencionar que las pesadillas también son sueños.

Oscar Wilde *(El retrato de Dorian Grey)*

SENTIDO COMÚN

El 3 de abril de 2020 compartí este texto en la Comunidad SNX: «Vivo y viviré aquí en México. Quiero mucho a mi país, me gustaría que nos fuera muy bien, pero "no se puede tapar el sol con un dedo", me preocupa lo que escucho y veo. Comparto algunas reflexiones que me quitan el sueño. No usaré datos duros, estadísticas o correlaciones matemáticas, solo sentido común. Veo lo que está sucediendo en países con una mejor condición que nosotros y me preocupa cuando comparo. No sé qué tanta capacidad de reaccionar tengamos para evitar un mayor daño económico. La historia evidencia que una de las variables que más sufre es el tipo de cambio. Como estrategas, solo nos queda actuar en consecuencia cuidando bien nuestro Fondo SNX. Aquí mis argumentos y una visión con todo el ánimo de equivocarme. La gráfica ilustra mi pesadilla como tendencia probable, no es algún indicador específico, pero implica muchos a la vez».

Sentidocomunómetro SNX EUA versus México 2020/1S21

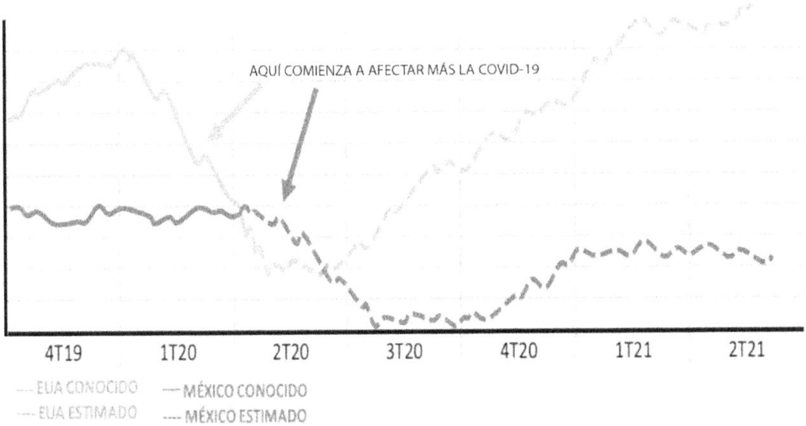

Fuente: SNX. En lo sucesivo, las gráficas que no indiquen fuente son de SNX.

«No podemos dejar que la cura sea peor que el problema mismo». Este fue el primer comentario del presidente Trump sobre las medidas de distanciamiento social. En una encuesta reciente de la Universidad de Chicago, la mayoría de los economistas prominentes que participaron estuvieron de acuerdo con que las economías sufrirían si se abandonaban los aislamientos masivos mientras el riesgo de infección se mantuviera alto, aunque reconocieron que los mismos aislamientos masivos producen una miseria humana paralela, con millones de desempleados, miles de quiebras inminentes y angustia financiera extrema.

¿Cuáles son las reglas económicas en las que abrir la economía demasiado pronto produce una muerte masiva, pero cerrarla por demasiado tiempo ocasiona un sufrimiento masivo? Sin una población sana, no puede haber una economía sana. De ello se deduce que deberíamos esperar una recesión profunda, pero corta (señal clara de que la gente se ha ido a casa y que la economía se ha cerrado para limitar la propagación de la enfermedad). ¿Se arrepentirán los gobiernos de no haber ahorrado dinero en esta época o lamentarán haber dejado que una infección viral mate a millones de personas, lo que también provocará la muerte de muchas empresas? Es bastante obvio cuál es el peor de los casos. ¿Quieren equivocarse del lado de salvar vidas? El problema es que si un gobierno no cuenta con recursos suficientes entonces perderá en ambos casos.

ASÍ SON LOS ESTÍMULOS EN OTROS PAÍSES

Los paquetes de estímulos que realizó el gobierno de EUA incluían no solo una reducción de las tasas de interés al 0 %; Washington enviaría a la mayoría de los hogares pagos únicos de $1200 dólares estadounidenses por adulto, más $500 por niño, y ampliaría los beneficios por desempleo, aumentando los pagos semanales para los trabajadores elegibles, incluidos los contratistas y los trabajadores independientes, en $600 dólares estadounidenses durante varios meses. Una nueva ley retrasó la presentación de impuestos, suspendió el embargo de salarios entre aquellos que habían incumplido sus préstamos estudiantiles y estableció una moratoria de desalojo de cuatro meses entre los propietarios con hipotecas de entidades federales, como Fannie Mae y Freddie Mac. La Reserva Federal dijo que utilizaría todas las palancas disponibles para mantener vivo el sistema financiero, mediante la compra de deuda gubernamental, deuda corporativa y una variedad de valores respaldados por activos. Otorgaron $370 000 mdd en préstamos a bajo interés respaldados por el gobierno. Muchas empresas no tendrán que devolver un centavo si usan el efectivo para hacer gastos básicos como la nómina o el alquiler, y no despiden a sus trabajadores. Los bancos privados otorgarían préstamos a empresas locales con las que ya tuvieran una relación, y la Administración de Pequeñas Empresas garantizaría esos préstamos, al menos, hasta que se agotaran los aproximadamente $370 000 mdd. En estos días en que escribo este libro, se habla de un nuevo paquete que incluirá mayor gasto de infraestructura. ¡Nunca en la historia habían existido estímulos como los de ahora en EUA!

Dinamarca y otros países del norte de Europa fueron adoptando un enfoque diferente. Sus gobiernos pagaron directamente a las empresas para mantener sus nóminas y evitar el tipo de despidos masivos y licencias que estaban ocurriendo en EUA. El principal beneficio de este enfoque es que los restaurantes, las fábricas, etc., no tuvieron que pasar por el rigor burocrático de despedir a miles de trabajadores y luego volver a contratarlos a todos cuando la economía se recupere (y esos trabajadores tampoco tienen que desperdiciar tiempo solicitando trabajos temporales). Están poniendo toda su economía en el congelador durante tres meses.

Pesadilla	EUA	México
Economía	Han hecho bien las cosas, el PIB anual promedio en la era Trump es un 2.3 % mayor al 1.8 % de las dos administraciones anteriores.	Venimos de un año de caída (PIB -0.1 %). Los nuevos pronósticos a tres meses de inicio de año son ya del -4 %, y se puede descomponer más.
Estímulos	Llevan tres económicos y fiscales. Bajaron la tasa de interés a 0 %, paquete de $2 trillones de dólares y van por un cuarto para infraestructura.	Apenas hemos bajado 50 puntos base (pb) la tasa de interés y parece que no tenemos muchos recursos para hacer demasiado.
Petróleo	Compran para reservas estratégicas para aprovechar los precios bajos actuales.	El año pasado gastamos la mitad de nuestras reservas para atender varios problemas.
Política	Olvidan diferencias. Trump y Pelosi trabajan juntos para acelerar nuevas propuestas.	Sin comentarios... Muy lamentable.
Covid-19	Están de lleno, es una fase crítica.	En septiembre de 2020, estamos a punto de entrar a las fases críticas.
Estructura	La economía más fuerte del mundo.	El 57 % es informal, el 50 % vive en condiciones pobres y más del 90 % de las empresas son pymes. ¡Complicado!
Calificación	Nadie los cuestiona.	Seguimos perdiendo grados y la amenaza de seguir así es real. Ahuyenta la inversión.
Empleo	Han perdido más de diez millones en dos semanas.	El 27 de abril de 2021 sabremos los primeros impactos.

Desde esa fecha, las cifras económicas locales se siguieron complicando.

BOLSA INMUNE A PANDEMIAS

No saber lo que ha sucedido antes de nosotros
es como ser incesantemente niños.

Cicerón

LA HISTORIA TIENDE A REPETIRSE

Con todo el riesgo que representaba en aquel momento, durante los meses de mayor pánico entre inversionistas (marzo) por la COVID-19, publicamos una gráfica (siguiente página) que recordaba otras enfermedades y pandemias que habían azotado a la humanidad desde el año 1970 y la manera en que, absolutamente todas, habían sido superadas en el tiempo por los mercados bursátiles. El índice de referencia de la gráfica no es el de EUA o México, se trata del Índice MSCI, que calcula la reconocida institución Morgan Stanley y representa el comportamiento de los principales índices accionarios en el mundo.

INMUNE: comportamiento bursátil ante epidemias globales (MSCI World Index)

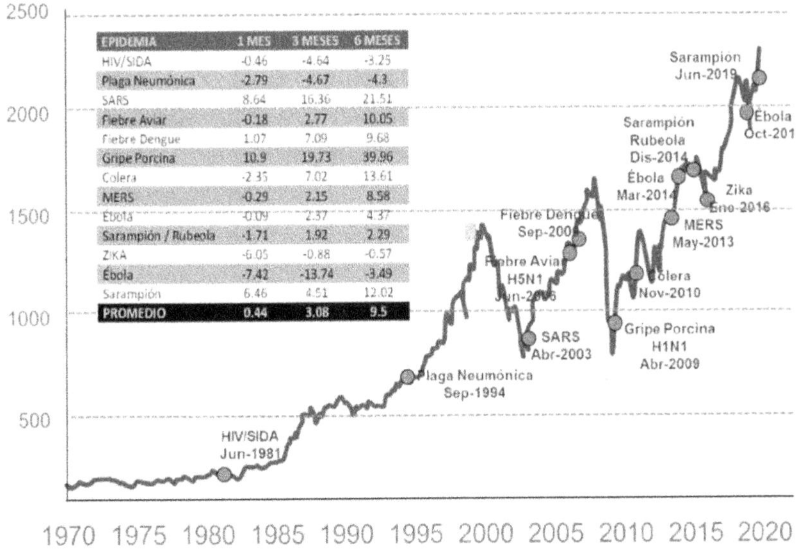

EPIDEMIA	1 MES	3 MESES	6 MESES
HIV/SIDA	-0.46	-4.64	-3.25
Plaga Neumónica	-2.79	-4.67	-4.3
SARS	8.64	16.36	21.51
Fiebre Aviar	-0.18	2.77	10.05
Fiebre Dengue	1.07	7.09	9.68
Gripe Porcina	10.9	19.73	39.96
Colera	-2.35	7.02	13.61
MERS	-0.29	2.15	8.58
Ébola	-0.09	2.37	4.37
Sarampión / Rubeola	-1.71	1.92	2.29
ZIKA	-6.05	-0.88	-0.57
Ébola	-7.42	-13.74	-3.49
Sarampión	6.46	4.51	12.02
PROMEDIO	**0.44**	**3.08**	**9.5**

Fuente: Morgan Stanley.

En aquel momento, era imposible anticipar la magnitud en contagios, decesos, implicaciones económicas y demás problemas que originaría la pandemia. Sin embargo, si reflexionamos, en cada momento de la historia el reto que enfrentó el mundo fue el mismo frente a cada enfermedad. Al final del día, los ajustes que en su momento presentó el mercado ante la incertidumbre del evento representaron una oportunidad (sí, ya lo he dicho antes, pero lo voy a seguir diciendo... ¡son oportunidades!). Por otra parte, y sin pretender minimizar cualquier virus o enfermedad de carácter pandémico, el avance tecnológico y científico cada vez juega más a nuestro favor. Los mercados han sido inmunes a las pandemias a mayor plazo.

AISLAMIENTO Y CONOCIMIENTO

La mejor y más eficiente farmacia está dentro de tu propio sistema.

Robert C. Peale

AISLAMIENTO

La coyuntura nos obligaba a estar más informados y comunicados; habíamos participado como exponentes y asistentes a distintas conferencias a distancia relacionadas con estrategias de inversión. Una de ellas sucedió el 1 de abril de 2020. El reconocido estratega y buen amigo, Hugo Petricioli, director de Franklin Templeton Investments en México, compartió con otros un par de conceptos que retomo ahora y que atienden a una buena salud mental y patrimonial. Así como nos aislamos para combatir la COVID-19, en épocas de volatilidad e incertidumbre siempre es importante no atender cada media hora a los mercados y nuestro portafolio. La volatilidad suele mantenerse por algún tiempo bajo determinadas circunstancias y puede originar malas decisiones. La tabla siguiente recuerda el resultado a distintos plazos en el Índice MSCI World, que captura el comportamiento de diferentes índices accionarios en el mundo. A mayor plazo, su naturaleza ganadora supera capítulos de minusvalías, así que demos oportunidad al tiempo de hacer lo suyo y disminuyamos también nuestra preocupación.

Tiempo	Mes	1 año	3 años	5 años
Ganancias	61 %	70 %	74 %	83 %
Pérdidas	39 %	30 %	26 %	17 %

Fuente: Franklin Templeton.

CONOCIMIENTO

El combate a la COVID-19 es tan importante como el conocimiento. Hugo compartió una gráfica del MSCI Europe que demuestra nuevamente cómo cada año el mercado presenta movimientos fuertes de baja que, lejos de generar pánico, deben ser entendidos como parte de los ciclos de los mercados (de diferente origen y magnitud) pero, sobre todo, como oportunidades.

Máximas caídas versus var. porcentaje anual MSCI Europe (1999-2019)

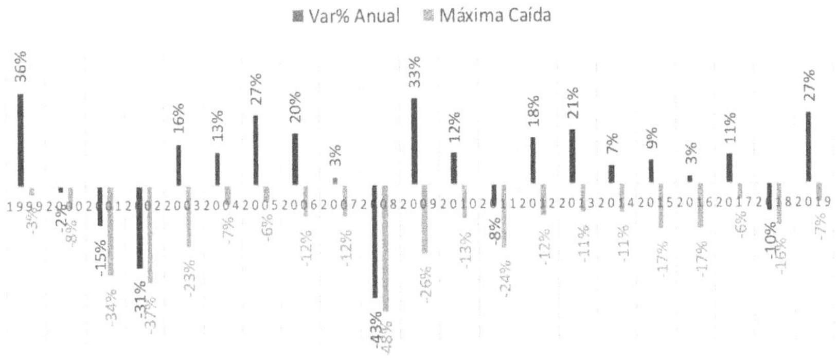

Fuente: Franklin Templeton.

EN BUSCA DE «LA SEÑAL DE RECUPERACIÓN»

> Una señal es suficiente para el vigilante, pero miles de consejos no son suficientes para el negligente.
>
> **Proverbio**

¿CUÁNDO INICIA LA RECUPERACIÓN?

Es la pregunta recurrente en cualquier momento de caída de precios en las acciones de los mercados bursátiles. La recuperación puede ser temporal, para volver a descender días o semanas más adelante. Siempre existen argumentos a favor y en contra de los mercados, con premisas válidas para cada caso. El riesgo más importante vuelve a ser la posibilidad de tomar malas decisiones.

Sin que en SNX nuestra formación sea en la escuela «técnica», reconocemos algunas señales de interés en los mercados, independientemente de su origen. Un indicador de potencial regreso a una tendencia alcista en el mercado accionario sucede, por lo general, cuando los nuevos niveles de alza (máximos de corto plazo) superan a los máximos anteriores. La gráfica a continuación ilustra este comportamiento. La interpretación es que los participantes cada vez se sienten más confiados y están dispuestos a comprar acciones con precios superiores a los máximos que se observaron recientemente. Es importante destacar que este tipo de movimientos se puede observar a nivel de índices o a nivel de emisoras particulares.

No es una señal definitiva, pero es una buena señal. En la segunda parte de este libro demostraremos la tendencia alcista del mercado a largo plazo.

Indicador tradicional de cambio de tendencia a la alza

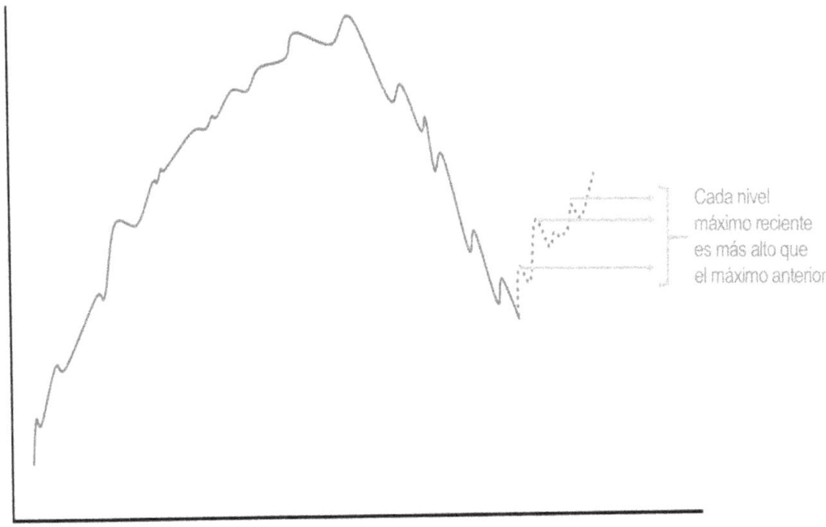

RECOMPRA DE ACCIONES: OTRA BUENA SEÑAL

Tanto la confianza como la falta de confianza son contagiosas.

Anónimo

UNA RELACIÓN 1.75X COMPRA-VENTA NO SUCEDÍA DESDE 2009

Hacia el mes de julio de 2020, los directores y ejecutivos de primer nivel en EUA estaban comprando acciones de sus propias compañías en una proporción de 1.75x, su nivel más alto desde marzo de 2009, según Washington Service, un proveedor de análisis de información y comercio de este tipo de operaciones, lo que constituía una señal «fuerte» de confianza. La compra-venta de acciones de sus propias empresas entre directores y ejecutivos es una práctica común; no obstante, la proporción promedio que guarda esta correlación desde la crisis de 2008 es menor a 1.0x.

Relación compra-venta de ejecutivos versus S&P 500
La proporción de 1.75x es la más alta desde 2009

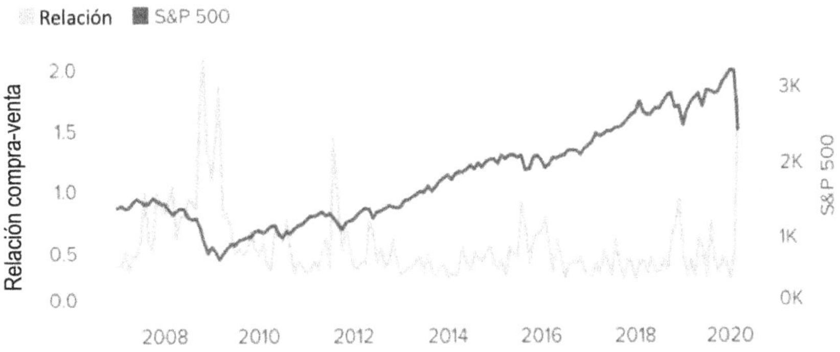

Fuente: Washington Service.

CONFIANZA

Mas allá de la COVID-19, tenga usted presente que cuando suceden este tipo de compras, eso indica que las cabezas de las empresas, en este caso estadounidenses, confían en que sus compañías se recuperarán y que la economía superará la coyuntura.

La actividad de compra entre ejecutivos proporciona «una visión de qué expertos de la compañía creen que tienen la liquidez para resistir una disminución masiva de 1-2 meses en la actividad económica y la solvencia para resistir una economía de avance que es menos robusta que la que dejó atrás», dijo Raymond James, el analista de James Tavis McCourt, en una nota a los clientes en abril de 2020. Las extraordinarias medidas de estímulo monetario y fiscal pusieron un piso al mercado en aquellos días, por ello su recuperación de tres días desde la década de 1930. Mayor actividad de compra se registra también entre reconocidos estrategas e inversionistas como Warren Buffett a través de su fondo Berkshire Hathaway, que compró $45 millones en acciones de Delta Air Lines en abril de 2020, y del también reconocido Carl Icahn, quien adquirió alrededor de $8 millones de acciones de Hertz Global y $35 millones de Newell Brands también ese mes.

COLOCACIONES: SINÓNIMO DE CONFIANZA

La confianza en sí mismo es el primer secreto del éxito.

Ralph W. Emerson

DETRÁS DE UNA COLOCACIÓN DE ACCIONES

Otra señal positiva la identificamos hacia el mes de septiembre, a pesar del nuevo ajuste que el mercado presentaba en ese momento. La señal se relacionaba con el récord de colocaciones en Bolsa que estaba sucediendo en EUA, pese la pandemia.

Una oferta pública inicial (OPI) sucede la primera vez que una compañía ofrece acciones al público en un mercado de valores, y se suele decir que la empresa «sale al mercado» o «sale a Bolsa». La razón principal es recaudar más capital (financiamiento) con la emisión de acciones públicas, en lugar de pedir un préstamo (emitir bonos de deuda). Normalmente se hace para impulsar proyectos de expansión, ya sea al desarrollar los negocios existentes o al adquirir nuevos. Otras razones pueden ser la distribución de los riesgos de sus actividades entre un número más amplio de inversionistas (más allá de sus fundadores) o que los primeros accionistas del negocio quieran vender sus acciones. Una empresa que planea una OPI se prepara para ello con muchos meses de anticipación, para garantizar que sus cuentas, su gestión y sus procedimientos internos cumplan con las reglas del mercado de valores en el que cotice.

SINÓNIMO DE CONFIANZA

Si los inversionistas potenciales no perciben oportunidad en la empresa o una condición futura próspera, las colocaciones suelen suspenderse o posponerse. En 2020, en EUA, a pesar de la pandemia por la COVID-19, se ha registrado un nivel récord de colocaciones (ver gráfica), lo que representa una muy buena señal a futuro.

Nivel de colocaciones en EUA (2013-2020)

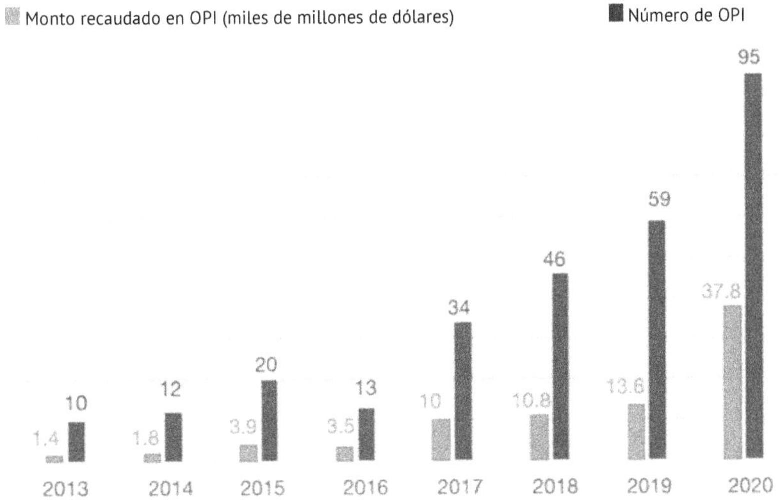

4 REGLAS DE LA ECONOMÍA PANDÉMICA

Establecemos las reglas para los demás y excepciones para nosotros.

François de La Rochefoucauld

JUGADAS A CORTO PLAZO

Algunos especialistas compartieron lo que llamaron «Un libro de jugadas que debe regir la reacción a corto plazo de EUA ante la crisis de salud».

Aquí la tiene. Este capítulo pretende compartir la opinión de «expertos» frente a una situación que no habíamos vivido en muchos años. Por lo menos, no la vieron mis abuelos, mis padres ni mi generación (tengo 56 años).

La pregunta importante aquí que nos debemos plantear es la siguiente: ¿cuáles son las reglas económicas en un contexto en donde abrir la economía demasiado pronto producirá una muerte masiva de la población, pero cerrarla por mucho tiempo ocasionará, a su vez, un sufrimiento masivo?

Regla 1: «Salvar la economía o salvar vidas» es una elección falsa

Un grupo de economistas de la Reserva Federal (FED) y el MIT publicó un artículo sobre la gripe más asesina del siglo XX, el brote de 1918. Debido a que el Gobierno federal en 1918 ofreció poca o ninguna ayuda económica a los estadounidenses, la respuesta local de los líderes de cada ciudad varió ampliamente. En algunos lugares como Nueva York y San Luis se ordenó rápidamente el distanciamiento social, mientras que en otros, como New Haven y Búfalo, permitieron reuniones públicas incluso semanas después de que la gripe alcanzara niveles de crisis. El resultado fue que las intervenciones tempranas y agresivas salvaron vidas y provocaron un repunte más rápido en varias medidas económicas, como el crecimiento del empleo y los activos bancarios. La infame compensación entre las personas y el PIB no existió en 1918. La razón es que las pandemias son tan perturbadoras que cualquier cosa para mitigar su impacto destructivo es útil.

Regla 2: Pagar a las personas un salario digno para dejar de trabajar

En una pandemia, las reuniones públicas son un tipo de contaminación social, y las personas asintomáticas que violan las reglas de distanciamiento social son como fábricas que arrojan carbono invisible. No se puede pedir a la gente que internalice los riesgos para la salud de manera individual más de lo que podemos esperar que las fábricas contaminantes se autorregulen. Por lo tanto, los gobiernos tienen que congelar la economía y ordenar que la gente se quede en casa. Pero pedir a millones de trabajadores sin discapacidad que dejen de trabajar crea una crisis de desempleo de manera un tanto injusta.

El 25 de noviembre de 2020 se informó que 3.28 millones de personas habían solicitado beneficios por desempleo. Esa no era solo la cifra semanal más alta registrada sino que era aproximadamente cinco veces mayor que la cifra más alta registrada en la historia. En siete días, los beneficios de desempleo aumentaron tanto como lo hicieron durante los primeros seis meses de pérdida de empleos durante la Gran Recesión. Una vez que el gobierno ha puesto a la economía en un coma artificial, debe mantener vivo al paciente. Los paquetes de estímulos que realizó el gobierno de EUA lo hicieron de varias maneras. Ya expliqué antes, en la página 48 de este libro, las medidas que tomó el gobierno de EUA para apoyar a los hogares, a los desempleados, a los jóvenes con préstamos estudiantiles y a los propietarios de hipotecas de entidades federales, entre otros.

Regla 3: Construir compañías, una máquina del tiempo

EUA tiene alrededor de seis millones de compañías, y el 99.7 % emplea a menos de quinientas personas. Muchas de estas pequeñas y medianas empresas se enfrentaron a la extinción durante el cierre por la pandemia. Si bien sus ingresos se habían evaporado, aún debían salarios a los trabajadores y rentas a los propietarios. Esta es una receta para quiebras en cascada. Si las pequeñas empresas estadounidenses comenzaban a fracasar en masa, el daño se extendería rápidamente a toda la economía. Imagínese los bares de vinos cerrados en Manhattan. Sin el dinero de los neoyorquinos sedientos, no pueden permitirse comprar más botellas de las bodegas familiares. Sin compradores comerciales, esas bodegas no pueden comprar fruta nueva de los productores locales de uva, quienes no pueden pagar a los fabricantes de tractores por equipos nuevos. El problema de un sector se convierte rápidamente en contratiempos para todos los otros.

Los mercados financieros podrían experimentar un «efecto dominó» paralelo. Si de repente miles de restaurantes no pueden pagar el alquiler, los dueños de las propiedades podrían incumplir los pagos de la hipoteca. Cuando los bancos sufren pérdidas catastróficas, el sistema financiero se inmoviliza porque nadie quiere prestar dinero a nadie. Así es como la recesión pandémica podría convertirse en la Gran Depresión del siglo XXI.

¿Cómo comenzó a resolverse este problema? Como ya comentamos en páginas anteriores, la Reserva Federal de EUA manifestó que haría todo lo posible por sacar adelante al sistema financiero (compra de deuda gubernamental, corporativa y otros valores respaldados por activos). Pero se necesitaba algo más para salvar los negocios de Estados Unidos.

«Tenemos que construir una máquina del tiempo para las empresas», dijo Justin Wolfers, economista de la Universidad de Michigan. Y se refería a cualquier cosa, incluidas subvenciones, préstamos baratos y alivio de la deuda, que permitiría a las compañías trasladar sus gastos al futuro.

«Mi tienda local de burritos, que solía ser un negocio próspero, podría arruinarse cualquier día», continuó Wolfers, «pero en el mundo posterior al coronavirus, debería ser un negocio próspero nuevamente. Lo que necesita ese negocio de burritos es lo que todo negocio demanda en este momento: una máquina del tiempo para pasar de la pandemia actual al futuro».

En el paquete de rescate económico de EUA, esa máquina del tiempo fue la cantidad de $370 000 mdd en préstamos a las empresas, a bajo interés y respaldados por el gobierno. Si estas, además, utilizaban el efectivo para cubrir gastos básicos (nómina, alquiler) y no despedir a sus trabajadores, podrían terminar no devolviendo nada. Los bancos privados, por su parte, también otorgaron préstamos a empresas locales que ya eran sus clientes, garantizados por la Administración de Pequeñas Empresas, al menos hasta que se agotara el monto total asignado.

La mayoría de los economistas tuvieron la misma reacción al plan de rescate económico: buena idea, demasiado tarde y demasiado pequeña. «Esto debería haberse aprobado hace tres semanas, y debería haber sido mucho más grande», dijo John Lettieri, CEO del Economic Innovation Group, un grupo de expertos y de defensa. Steven Hamilton, economista de la Universidad George Washington, escribió que si el proyecto de ley está destinado a cubrir once semanas de nómina para todas las empresas con menos de quinientos empleados, la cifra correcta debería estar más cerca de $600 000 mdd. Cuando el Senado de EUA regrese al borrador de la legislación de seguimiento, la ayuda a las pequeñas empresas tendrá que estar en la parte superior de la lista.

Regla 4: El negocio de América ahora es la ciencia

Las nuevas reglas de la economía pandémica estaban destinadas a guiar la política estadounidense durante un período de semanas o meses, no trimestres o años. Una congelación de tres o cuatro meses es una cosa, pero un año completo de aislamiento e inactividad económica es insostenible.

Eso llevó a la gran pregunta: ¿Cómo salir de esto? «Mucha más ciencia» fue la respuesta.

La falta de conocimiento sobre la enfermedad es la mayor debilidad para combatirla. No saber quién tiene el virus o quién es más susceptible de contraerlo contribuye a tasas de infección más altas. Desconocer quién se recuperó y desarrolló inmunidad retrasa la capacidad de tratar a las personas o de liberar a quienes están en aislamiento. La posibilidad de que el virus esté en cualquier lugar significa que se debe cerrar la actividad económica en todas partes. El camino de regreso a la normalidad será siempre a través de información más clara y pública. En primer lugar, son necesarias más pruebas que puedan indicar dónde está el virus. Esto significa que se necesitarían más cubrebocas, más hisopos nasofaríngeos para recoger muestras, más kits de extracción para recuperar el material genético del virus y más personas capacitadas para administrar las pruebas. En segundo lugar, se requiere una sofisticada tecnología de rastreo para saber dónde se propaga el virus. «Rastreo de contactos» significa comunicarse de inmediato con las personas que entraron en relación con una persona infectada, hacerles pruebas y recomendar el aislamiento si dan positivo. Si bien los métodos de rastreo de algunos países se basan en datos móviles de una manera que podría incomodar a los estadounidenses, Alemania, por ejemplo, buscaba implementar una aplicación nacional que hubiera obtenido la aprobación de su ministro de Salud y comisionado de Protección de datos.

Además de coordinar una estrategia de prueba y rastreo, Washington debía utilizar sus prodigiosas energías para derrotar la enfermedad lo más rápido posible; por esta razón, estableció premios de miles de millones de dólares (mdd) para avances en vacunas y antivirales y relajó las regulaciones para acelerar la aprobación de nuevos tratamientos. Después de semanas de retraso, la administración finalmente utilizó la Ley de Producción de Defensa en tiempos de guerra para obligar a los fabricantes a producir ventiladores y máscaras quirúrgicas.

«Necesitamos obtener dinero de la gente o morirá. Necesitamos obtener efectivo de las empresas, o morirán», insistían los especialistas. «Pero si no aclaramos el camino para que los trabajadores de la salud traten a los enfermos, o para que los científicos combatan la enfermedad, las personas y las empresas morirán, de todos modos». «No existirá una economía normal hasta que se contenga el virus». «Pero si no podemos contener el virus rápidamente, es posible que no tengamos nada normal a lo que regresar».

A pesar de ser uno de los países con mayor contagio, muchas de estas medidas se llevaron a cabo. La resistencia del virus en EUA y en otras partes del mundo se mantiene en gran medida por la desatención ciudadana. En muchos países (incluido México), la falta de recursos se combinó con la resistencia de los ciudadanos a utilizar máscaras de protección, a mantener distancias adecuadas y a atender otras instrucciones sanitarias mínimas y poco complejas, por increíble que pueda sonar.

TEMPERAMENTO. ¿LO TIENE? ¡LO NECESITA!

Véndelas y estarás afligido, cómpralas y estarás arrepentido, consérvalas y te preocuparás, no hagas nada y estarás molesto.

Wall Street

TODAS LAS GRANDES GANADORAS HAN CAÍDO FUERTE

Tras máximos históricos, las acciones en EUA volvieron a presentar ajustes (ciclos del mercado por distintas razones). Como siempre sucede, el sentimiento general volvió a ser: «¿Cómo no vendí la semana pasada?» Es fácil decirlo, pero nadie nunca ha sabido ni sabrá cuándo serán los máximos, de la misma manera que nadie sabe ni sabrá cuándo serán los mínimos. Lo más importante en momentos de volatilidad es demostrar que se tiene el temperamento para ser dueño de una empresa en Bolsa.

El temperamento es aquella combinación de actos que se dan en una persona de manera única y que conforman su personalidad. Están íntimamente relacionados con la psicología de cada individuo. El temperamento se adquiere genéticamente y es por eso que se relaciona con todas las sensaciones, emociones y los sentimientos comprensibles a nivel físico y orgánico. En el mundo de las inversiones, el temperamento se manifiesta por la manera en que uno se deja llevar por emociones al momento de tomar decisiones; por ejemplo, comprar y luego tener miedo. El temperamento para un empresario en Bolsa se resume en una combinación de disciplina y paciencia. Las fuertes correcciones en los precios de acciones que vimos en días pasados en empresas fundamentalmente «extraordinarias», aunque dolorosas, son también muy normales y saludables. A largo plazo, la historia ha demostrado que muchas compañías que han contribuido a la creación de grandes patrimonios han tenido caídas similares a las que hemos visto durante el año de la COVID-19 y mucho peores. Si muchas de esas empresas estaban en realidad a la altura de sus elevadas expectativas (así lo consideramos en aquel momento en SNX) y sus acciones terminan siendo inversiones grandiosas, no será siempre en un movimiento lineal recto hacia arriba y hacia la derecha. Aquellas empresas podrían convertirse en algunas con las acciones más exitosas de las próximas décadas; sin embargo, enfrentarán fuertes ajustes (caídas) en algún momento.

Para validar lo anterior, señalamos algunos ejemplos:

Apple: la empresa de telefonía móvil y otros dispositivos inteligentes ha visto crecer sus acciones casi un 120 000 % (19.5 % anualizado) desde que comenzó su legendario viaje a principios de la década de 1980. A lo largo del camino, se redujo más del 75 % en tres momentos diferentes y a la mitad en otras ocasiones.

Amazon: nuestra empresa líder en comercio electrónico, la nube e inteligencia artificial ha aumentado casi un 170 000 % (38 % anualizado) desde 1997. Sin embargo, en un momento durante ese ascenso, las acciones se desplomaron casi un 95 %, con múltiples caídas del 30 %.

Walmart: una de las cadenas comerciales más importantes del mundo en el transcurso de casi cinco décadas ha visto sus acciones ganar más del 321 000 %. Las acciones han perdido un 30 % más ocho veces y se han quedado estancadas en territorio negativo entre 2000 y 2012.

La lista sigue y sigue, y la información es muy valiosa pues demuestra que correcciones fuertes suceden a las empresas y las acciones de éxito. Por ello, si desea construir un sólido patrimonio en el mercado de valores, necesita temperamento una vez que es dueño de empresas extraordinarias.

LIMPIEZA: BUENA PARA LOS MERCADOS

Ha de ser limpia la casa y la conducta.

José Martí

SELECCIÓN NATURAL

Cada comienzo de semestre, en nuestra materia de Inversión Patrimonial (que impartimos en la Universidad Nacional Autónoma de México) reflexiono con los jóvenes sobre la importancia de una filosofía «sin excusas». Anticipo la recurrencia de alumnos que abandonarán la clase y los animo a que no lo hagan. Sin embargo, siempre sucede y concluyo que es parte de un proceso de selección o filtro natural que es común es diferentes actividades. La estadística demuestra que son muy pocos los alumnos que comienzan sus estudios y terminan con un título universitario (en México y a nivel mundial). En la actividad deportiva tampoco es diferente. Son pocas las personas que inician la práctica de un deporte y logran mantenerse en ella en el tiempo. En el mercado accionario, muchos individuos acuden a invertir, sobre todo después de un movimiento de alza, para después «salir» en el primer ajuste. Por otra parte, los participantes con perfil de *trader*, con poco conocimiento fundamental de las empresas, solo buscan una pronta ganancia.

En todas estas actividades y en muchas otras, el «abandono» es sinónimo de limpieza. No es fácil atender una materia con puntualidad en horarios en ocasiones complicados, participar en clase, entregar tareas, estudiar para el examen, de la misma manera que no es fácil asistir a un entrenamiento diario, sudar y realizar un esfuerzo importante, además de resistir una competencia permanente. Sin embargo, quien logra superar los retos, avanza y crece en un sentido amplio. En el mercado accionario es muy similar. No todos tienen el conocimiento, disciplina y paciencia para entender los ciclos del mercado, para comprender una condición de empresario en Bolsa, y es así como las caídas en precios de acciones muchas veces se acentúan por una «salida» desesperada de muchos participantes que, en realidad, no tienen el perfil correcto que exige esta alternativa de inversión (a pesar de sus bondades). Pero no es malo, su salida contribuye a «despejar» el mercado, a dejar solo a aquellos inversionistas que entienden la oportunidad a mayor plazo y por ello, con el tiempo, se recupera y alcanza niveles anteriores.

Vale la pena atender esta reflexión ante cualquier situación de baja del mercado ya sea por el temor a un virus o por cualquier otra «excusa».

PETRÓLEO COTIZÓ EN $0 DÓLARES

> Ha habido en el mundo muchas pestes y guerras, sin embargo, pestes y guerras llegan siempre de sorpresa.
>
> **Albert Camus** *(La peste)*

LA CAÍDA IMPENSABLE DEL CRUDO

Después de casi 150 años en que el petróleo mantuvo un precio estable, en el mes de abril se observó una espectacular caída del crudo por debajo de $0 dólares estadounidenses por barril (dpb). La caída antes impensable de los precios del petróleo por debajo de $0 dpb se relacionó principalmente con que el suministro del hidrocarburo superó la demanda casi nula debido a la pandemia de coronavirus, lo que orilló a algunas compañías de energía a la posible bancarrota, a medida que el almacenamiento alcanzaba una capacidad máxima. Antes de aquella fecha, nunca se habían tenido cotizaciones en territorio negativo, y aunque los precios a futuro para los siguientes meses se recuperaron, seguía siendo el más bajo desde fines de la década de 1990. De esta manera, resultaba por demás interesante recordar dos gráficas con los precios del petróleo en los últimos 150 años: una en términos nominales y otra ajustada por inflación. El ejercicio lo realizó Deutsche Bank.

Los especialistas coincidían en señalar que las cotizaciones podrían continuar deprimidas por algún tiempo. No obstante, la apertura parcial de las economías y de nuevos acuerdos potenciales para el recorte de producción podrían acelerar la recuperación.

De nuevo, un capítulo que captura un evento impensable durante el momento de la pandemia que, a largo plazo, representó una oportunidad de inversión para los conocedores, disciplinados y pacientes. Apunta un proverbio africano: «Los tambores no le gustan a quien no sabe bailar». ¿Queda claro?

Costo de barril de petróleo nominal (en dólares)

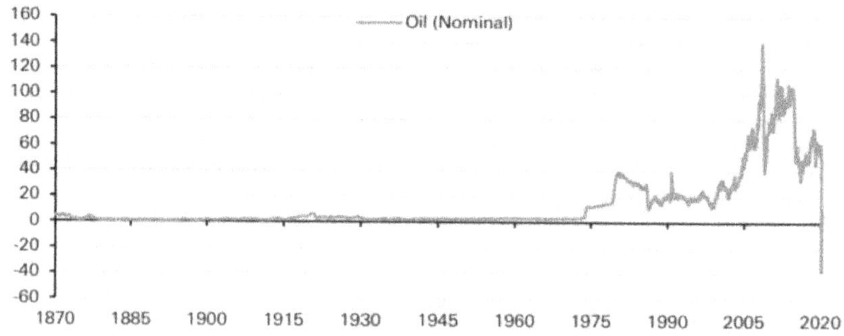

Fuente: Deutsche Bank.

Costo de barril de petróleo en términos reales (en dólares)

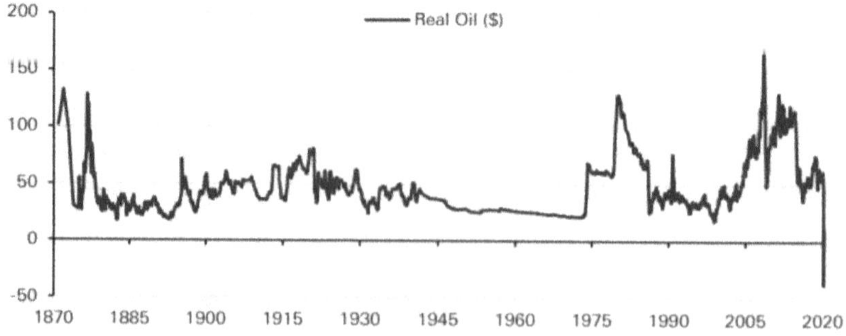

Fuente: Deutsche Bank.

EUA: ESTADÍSTICA ELECTORAL

Dicen que la historia se repite, pero lo cierto es que sus lecciones no se aprovechan.

Camile See

MEJOR CON LOS DEMÓCRATAS

La volatilidad de los mercados por la COVID-19 se acentuó con la proximidad de las elecciones presidenciales en EUA del 3 de noviembre. El exvicepresidente Joe Biden había sido nominado por los demócratas, mientras que el republicano Donald Trump buscaba su reelección para otros 4 años. Las primeras reacciones de temor de los inversionistas hacia un candidato demócrata, cuya intención era aumentar impuestos corporativos del 21 % al 28 % y establecer algunas medidas regulatorias en ciertas industrias, se fue moderando al ponderar también los beneficios de su plan de reactivación del sector infraestructura y, sobre todo, la expectativa de un menor roce comercial internacional con guerra de aranceles y tarifas que había caracterizado a Trump y que años antes había propiciado incertidumbre y caída en los precios de las acciones.

Donald Trump, mientras tanto, acomodaba su estrategia prometiendo una vacuna para la COVID-19 antes de las elecciones presidenciales y sentenciando una terrible baja del mercado accionario bajo la presidencia de Biden.

Al 21 de septiembre de 2020, la ventaja de Biden sobre Trump era de diez puntos aproximadamente y el primer debate presidencial vendría el

29 de septiembre. El nerviosismo era natural y el pronóstico difícil, sobre todo después de la sorpresa del resultado de las elecciones de 4 años antes, cuando Donald Trump ganó. No solo porque ese mismo día las posibilidades de la victoria de Hillary Clinton decían ser del 90 %, sino porque muchos inversionistas temían la llegada de Trump y pocos meses después, el mercado accionario en EUA subía como espuma.

Personalmente, reitero mi expectativa de un mercado alcista a mayor plazo, independientemente del resultado electoral en EUA en 2020. Al tiempo...

Aunque la estadística no es garantía de ningún pronóstico, resulta siempre interesante atender las tendencias y la información histórica. Más allá de cierta volatilidad temporal que podría generar el resultado electoral a corto plazo, los mercados accionarios en EUA han tenido un mejor comportamiento durante los años de presidentes demócratas frente al gobierno. La tabla siguiente recuerda el resultado en cada período presidencial en EUA desde Dwight D. Eisenhower, en 1953.

EUA: S&P 500. Comportamiento por presidente

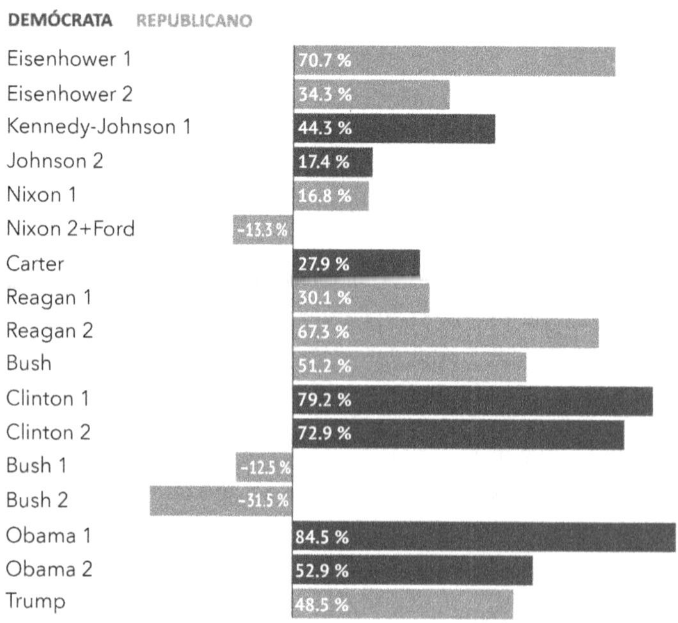

Fuente: Investia.

SEPTIEMBRE TERRIBLE

La teoría es asesinada tarde o temprano por la experiencia.

Albert Einstein

CIERRE DE FONDOS Y OTRAS TEORÍAS

Como cada año, el mes de septiembre de 2020 inició con temores debido a la conocida reputación de ser el mes tradicionalmente más débil del año en el mercado accionario. Desde que se creó el índice Dow Jones Industrial Average a fines del siglo XIX, ha caído un promedio del 1 % en septiembre, mientras que la ganancia en todos los demás meses promedia el 0.7 %. El mal desempeño se atribuye a que con el cierre fiscal, muchos fondos de inversión deciden vender para proteger sus ganancias acumuladas, especialmente desde 1990, debido a una nueva ley fiscal que entró en vigor en ese momento. No obstante, si fuera una explicación verdadera, esperaríamos que el récord de septiembre desde 1990 fuera peor que antes. Pero no es así. La pérdida promedio del Dow durante ese mes, antes de 1990, fue cuatro veces peor de lo que ha sido desde entonces. Otra teoría «popular» es que en septiembre la Bolsa sufre de ventas reprimidas de inversionistas que regresan de vacaciones de verano. Pero esa explicación podría ser inversa: ¿por qué la Bolsa no sube en septiembre cuando los vacacionistas regresan y encuentran mejores noticias y perspectivas?

SEPTIEMBRE SIEMPRE HA SUBIDO EN AÑOS ELECTORALES

La buena noticia es que el mercado de valores en EUA siempre ha subido en promedio en septiembre durante los años de elecciones presidenciales (ver siguiente gráfica). Observe que, en los años de elecciones presidenciales, el Dow aumenta en promedio en ese mes, por lo que concluimos que no hay ninguna razón teórica o estadística sólida para asegurar que septiembre siempre será malo.

Sin embargo, en aquel momento escribí que después de la fuerte alza previa a septiembre (los índices bursátiles en EUA avanzaron casi un 7 % en el mes de agosto), no se descartaba un «respiro» que, de llegar a suceder, no sería porque era el noveno mes del calendario. ¡Así sucedió!

Los años electorales en septiembre son positivos
Variación porcentaje promedio del Índice Dow Jones (EUA)

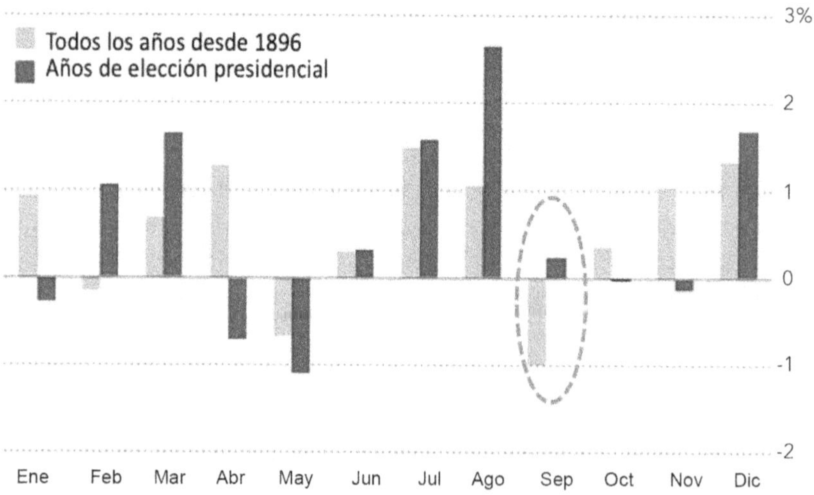

Fuente: www.HulbertRatings.com.

EUA: EL MEJOR PREDICTOR ELECTORAL

Si a la abeja ves beber, muy pronto verás llover.

Refrán popular

LA GRÁFICA HA ACERTADO EL 100 % DESDE 1984 Y EL 87 % DESDE 1928

La carrera electoral de 2020 entre el presidente Donald Trump y el exvicepresidente Joe Biden, como comenté antes, era una moneda al aire. Sin embargo, varios estrategas insisten en que una simple gráfica del mercado de valores ha sido el mejor predictor de las elecciones presidenciales de EUA desde 1984, ya que demostró ser un 100 % exacta y un 87 % exacta desde 1928. Una gráfica del desempeño del S&P 500 en el período de tres meses antes del día de las elecciones, que es el 3 de noviembre de 2020, ha demostrado ser precisa durante las últimas casi cuatro décadas. Ese indicador muestra actualmente que desde el 3 de agosto, el S&P 500 ha avanzado casi un 7 %. Mientras tanto, el Dow Jones Industrial Average ha subido más del 7 % y el índice compuesto Nasdaq ha aumentado más del 9 %. Un rendimiento positivo durante ese período de tres meses puede indicar una mayor probabilidad de que el partido en el poder gane, mientras que las pérdidas del mercado de valores durante el mismo período han tendido a predecir la victoria de un partido de oposición. No obstante, las circunstancias únicas por la pandemia de este año podrían agregar un carácter de excepción y esta podría ser la primera vez en casi 100 años en que esta señal pueda ser incorrecta. La historia ha demostrado que cuando se produce una recesión durante los 2 años previos a las elecciones, el presidente en ejercicio tiende a perder; no obstante, las señales de rápida recuperación y la esperanza de la vacuna contra la COVID-19 comienzan a jugar a favor de Trump.

Ya veremos si esta vez funciona, pues este libro lo entregaré para su edición antes del fin de septiembre.

Comportamiento S&P 500: un buen indicador

Comportamiento S&P 500 durante años electorales (1950-2019)

Fuente: LPL Research, FactSet. Todos los índices no están administrados.
Su comportamiento pasado no es garantía de comportamiento futuro

CATALIZADOR: RESULTADOS TRIMESTRALES

Mientras se gana algo, no se pierde nada.

Miguel de Cervantes

RECUPERACIÓN

La recuperación en las acciones de EUA en 2020 y en otros años ha ido de la mano de la publicación de buenos reportes financieros trimestrales. Varias empresas, en particular del sector tecnológico, presentaban cifras superiores a lo esperado y guías favorables que propiciaban fuertes alzas en los precios de sus acciones. En tan solo tres semanas más de comenzar a recibir la información correspondiente al 3T20 (lo escribí el 17 de septiembre de 2020), esta apuntaba a ser positiva, lo que puede animar de nuevo los precios.

La estimación de crecimiento promedio en la utilidad neta de las 500 empresas del Índice S&P para el 3T20 era de una baja del -26 %, y fue mejorando hasta llegar a ser del -22 %. En esa fecha, 22 compañías habían dado guías negativas para sus reportes y 43 habían compartido guías positivas. Cabe recordar que el 2T20 llegó a su mayor caída esperada; sin embargo, la baja en utilidades promedio fue menor a la esperada (-33 % versus -44 %).

CRECE EL OPTIMISMO PARA 2021

Para el año 2020, se espera que el promedio de las utilidades netas de S&P 500 disminuya un -19 %, pero para el próximo 2021, se considera ya un avance del 27 % (gran recuperación). De hecho, algunas corredurías internacionales anticipan que con la vacuna contra la COVID-19 a fin de año, las utilidades de 2021 serán mejores, y se anticipa un crecimiento cercano al 35 %.

Crecimiento promedio UT. neta S&P 500

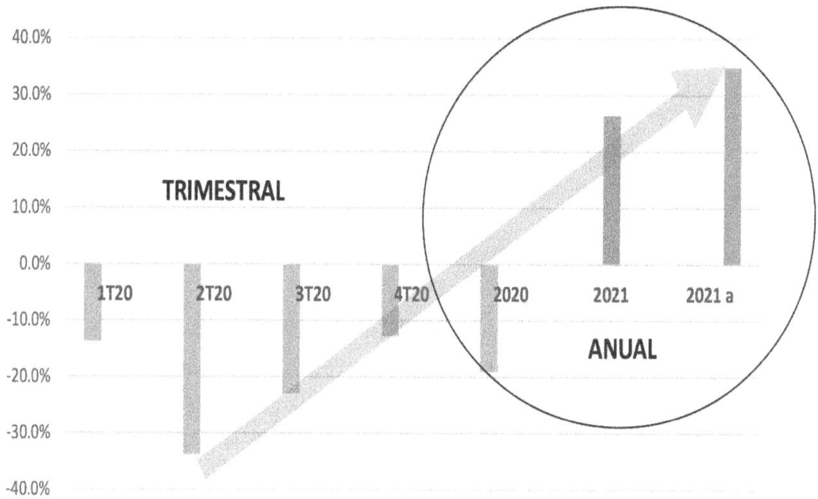

Fuente: FactSet / a) Alternativo 2021.

NO ES UNA CIENCIA EXACTA

La medicina no es una ciencia exacta.

Jaime Salgado C.

SIMILITUD CON LAS INVERSIONES

El día 25 de agosto de 2020 tuve una cirugía de hombro. Gracias a Dios y a mi médico y amigo de hace años, el ortopedista Jaime Salgado Cisneros, todo va de maravilla. En la revisión posquirúrgica, Jaime me recordó que la medicina no es una ciencia exacta y que aunque hacía siempre lo mejor, el resultado dependía de varios factores. En las inversiones es igual: no es una ciencia exacta. Sin embargo, al igual que en la medicina, una buena metodología, conocimiento y experiencia, ofrecen mayores probabilidades de éxito. El principal objetivo que debemos tener como inversionistas es conocer y controlar los riesgos. Cualquier decisión conlleva un riesgo (pero la peor decisión es no tomar ninguno). Cuando conocemos y controlamos los riesgos, los buenos resultados son la consecuencia. En mi experiencia, identifico que la gran mayoría de los participantes en Bolsa en México dan prioridad a la búsqueda de altos rendimientos de manera rápida. Es así como, de manera consciente o inconsciente, asumen mayores riesgos y los resultados no siempre son los mejores.

PARA MEJORAR LA PROBABILIDAD DE ÉXITO

Ofrezco un breve resumen del tipo de variables que atendemos en SNX para tener una mayor probabilidad de éxito en la construcción y preservación de patrimonios a través de nuestro fondo:

Crecimiento esperado. Cuando nuestras empresas tienen un crecimiento esperado mayor al sector o promedio del mercado en ventas, generación de efectivo o utilidad operativa, la probabilidad de éxito es mayor.

Rentabilidad. Cuando nuestras empresas ofrecen una rentabilidad alta (utilidad operativa/ventas y utilidad operativa/capital contable) además de crecimiento, la probabilidad de éxito es mayor.

Liderazgo. Cuando nuestras empresas son líderes en su industria y pueden «marcar el paso» sin tener que «seguir al líder», la probabilidad de éxito es mayor.

Poca deuda. Cuando nuestras empresas tienen una deuda baja, evitan el mayor riesgo que una compañía puede correr: la quiebra. De esta manera, la probabilidad de éxito es mayor.

Pago de dividendos. Cuando nuestras empresas distribuyen sus utilidades, de preferencia a través de un pago de dividendo, el beneficio se suma a la ganancia de mercado y, así, la probabilidad de éxito es mayor.

Buena administración. Cuando nuestras empresas tienen una dirección comprometida, congruente y efectiva, la probabilidad de éxito es mayor.

Valuación atractiva. Cuando nuestras empresas reflejan su valuación en precios objetivos, cuyo potencial resulta atractivo, la probabilidad de éxito es mayor.

¿MERCADO CARO? MUY RELATIVO

No busques valores absolutos en un mundo relativo.

Paramahansa Yoganada

ALGUNOS EJEMPLOS

Con la fuerte recuperación en el precio de las acciones de EUA hasta la primera semana de septiembre de 2020, surgió de nuevo la pregunta de qué tan caro se encontraba ya el mercado o algunas acciones en específico. En realidad, una medición absoluta era muy relativa por diferentes razones. Comparto tres importantes:

1. Amazon

Considere el caso de nuestra empresa Amazon (digo nuestra porque cuando usted invierte en Bolsa, recuerde que se vuelve dueño de una empresa), cuyo múltiplo P/U (medida tradicional de valuación) en aquel momento era 128.7x. A simple vista, parecería absurdo pagar por una acción cuyo múltiplo indica que su inversión la recuperará en 128 años. No obstante, considere que el múltiplo máximo que se pagó por esta empresa líder fue de 1005.7x y que el promedio en los últimos 5 años había sido de 211.9x. ¿Ya no suena tan cara verdad?

Múltiplo P/U Amazon últimos 5 años

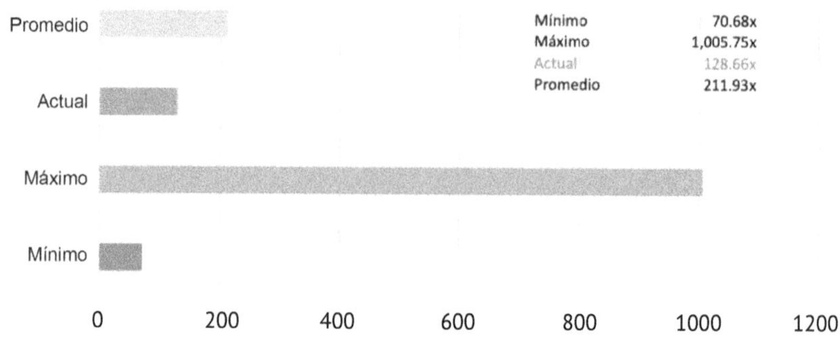

2. El contexto con tasa de interés cero

Un múltiplo P/U no se ajusta por el riesgo o el contexto. El P/U actual del índice S&P 500 es de 26.8x. Recuperar una inversión en 26.8 años equivale a una tasa de interés del 3.7 % (inverso del múltiplo). Si bien la tasa no es muy alta, es mucho mayor al 0.68 % que hoy ofrece un bono en EUA (¡esto es ajustar por riesgo de oportunidad!).

Ajuste del múltiplo P/U

	En P/U máximo		En P/U mínimo		Prom.	Actual
P/U	26.84x	ago-20	10.99x	mar-09	18.16x	26.84x
Inverso P/U	3.73 %		9.10 %		5.66 %	3.73 %
Bonos del Tesoro 10 años	0.68 %		2.86 %		2.39 %	0.68 %

3. Preferible valuar por descuento de flujos

La forma «tradicional» de valuar empresas es a través de múltiplos de crecimiento como el P/U. Sin embargo, además de no ajustarse por riesgo (se comentó en el punto anterior), en el mejor de los casos captura únicamente la perspectiva de un año (próximos doce meses). En nuestra condición de empresarios en Bolsa es preferible entender el valor de la compañía atendiendo a plazos mayores de perspectivas. Si una empresa realiza inversiones importantes en un año, posiblemente no generará flujo de efectivo o utilidades ese año y su P/U se encarece (aumenta). Con un descuento de flujo de efectivo (DCF, por sus siglas en inglés) podemos conocer el valor actual de la generación de flujos de efectivo de varios años de una empresa para compararlo con el valor de mercado y saber entonces si la empresa está cara o barata.

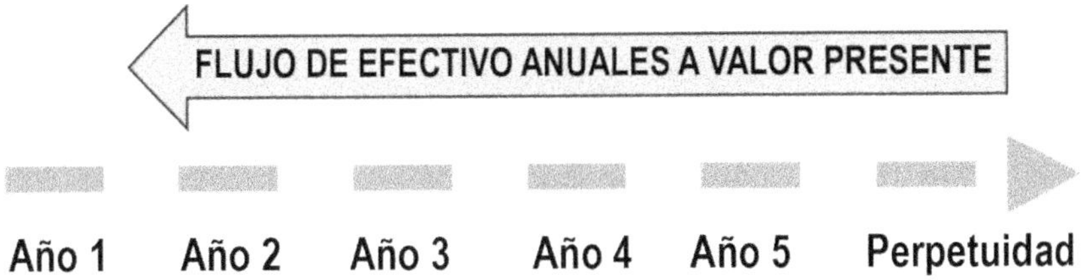

DE LLUVIAS Y ARCAS

Si no actúas como piensas, vas a terminar
pensando cómo actúas.

Blaise Pascal *(Pensamientos)*

«PREDECIR LA LLUVIA NO CUENTA, CONSTRUIR EL ARCA, SÍ»

La cita anterior es del maestro y reconocido inversionista Warren Buffett, y me parece importante reflexionarla, pues funciona en cualquier momento. Para efectos de esta sección del libro, recuerde que estamos hablando de lo sucedido en la Bolsa de EUA durante la pandemia de 2020. En el mes de agosto, las Bolsas del país vecino del norte avanzaron casi el 7 % (¡sí, en tan solo un mes!) al anticipar: 1) el anuncio de nuevos estímulos en EUA; y 2) el desarrollo final de una vacuna contra la COVID-19, que podría estar lista hacia principios de 2021. Con regularidad, encontramos participantes del mercado que recuerdan un pronóstico acertado (ya sea positivo o negativo) respecto de alguna variable o contexto general de ese mercado. Sin embargo, al momento de preguntar si pudieron capitalizar dicho pronóstico la respuesta es negativa. Detrás de dicha réplica existe una enorme pérdida de oportunidades. De nada sirvió haber hecho, entendido o escuchado algún buen pronóstico, si al final no se tomó una decisión relacionada con aquella acertada visión. Como siempre, los habitantes de la isla en la obra *Un día de estos*, exponen diversas razones para justificar el no haber tomado la decisión. ¡Son siempre excusas!

DIFERENTES LLUVIAS

La anticipación de un suceso o contexto (bueno o malo) no es exclusivo del tema de las inversiones. Ocurre en el ámbito familiar, de amigos, de negocios o de recreación (deporte). De poco servirá identificar que nuestros hijos andan en malas compañías si no somos capaces de evitarlo; de poco, saber que un amigo está a punto de tomar malas decisiones si no se lo advertimos o ayudamos; de poco servirá saber que nuestra empresa se está endeudando demasiado si no realizamos un programa de reestructuración; de poco, conocer el mejor programa de entrenamiento para mejorar nuestra salud si pasamos varias horas frente al televisor consumiendo comida chatarra. De poco o nada servirá anticipar la continuidad en el avance bursátil en EUA y entender la naturaleza alcista del mercado a mayor plazo si no tomamos la decisión de ser empresario en Bolsa.

NUESTRA ARCA... FONDO SNX

Después de muchos años de construir una metodología de inversión, de manejar grandes recursos a nivel internacional, de capitalizar experiencias, de entender el valor de la disciplina y paciencia para participar en el mercado accionario, y de un esfuerzo de mejor comunicación sobre la realidad de la inversión bursátil (libros, columnas, cátedras, etc.), pudimos construir nuestra arca. Se llama SNX y es nuestro fondo que contribuye a la creación y preservación de patrimonios, pero que únicamente funciona si usted lo decide.

CONSTRUCTORES DE MOLINOS

No se pueden impedir los vientos, pero se pueden construir molinos.

Proverbio holandés

AVANCES EN EL MERCADO ACCIONARIO MEXICANO

El epígrafe de este apartado es uno de mis preferidos, pues invita a identificar y aprovechar las condiciones en las que nos encontramos en un momento dado. En los primeros años de mi trayectoria profesional en el medio bursátil (en la que llevo 35 años), las cosas eran muy distintas. Como ya mencioné, no existía la oportunidad de invertir fuera de México desde aquí, lo que justificaba una concentración absoluta en acciones locales. Fue en 2003 que apareció el Sistema Internacional de Cotizaciones (SIC), una plataforma que permite a los inversionistas en México acceder a los valores de grandes empresas listadas en otros países, como Apple, Facebook o Nike, a través de operaciones sencillas mediante un intermediario bursátil. Así, la posibilidad de comprar acciones en cualquier lugar del mundo se volvió una realidad. Sin embargo, no fue hasta hace algunos años que su operación creció de manera importante. Al 19 de agosto de 2020, el SIC listaba 2390 títulos, 1213 acciones y el resto eran títulos referenciados a acciones (ETF, por sus siglas en inglés). La cifra supera con creces las poco más de 140 empresas mexicanas que también cotizan en la Bolsa Mexicana de Valores (BMV). En los últimos 5 años se ha más que duplicado el número de valores y el volumen operado en ese mercado. La operación del SIC representa hoy más del 40 % del valor de las actuaciones diarias en México. De las acciones internacionales que se operan, un 90 % son empresas de EUA y menos de doscientas acciones concentran el 80 % del volumen internacional total operado. Este mercado da acceso a empresas de cuarenta países y en diversos sectores. Es así como la invitación a ser empresario a través de la Bolsa adquiere un carácter global verdadero. Usted es inversionista potencial del mundo y no existen límites (excusas) para asociarse con los mejores.

Sí, hemos atestiguado grandes avances en nuestro mercado accionario desde hace años, pero un gran pendiente es lograr transmitir de mejor manera la oportunidad que esto representa, pues los participantes locales siguen siendo en realidad muy pocos. ¡Muchas felicidades, empresarios globales!

VENTAJAS DEL SIC

- Mismo esquema fiscal que el mercado local
- Diversificación internacional sin la necesidad de la apertura de contratos de inversión en el extranjero
- Mismos derechos corporativos y patrimoniales que los inversionistas locales
- Operación en pesos, pero con cobertura natural al tipo de cambio
- Crecientes volúmenes de operación
- Liquidez ilimitada, ya sea por el mercado local o por operación contra la Bolsa de origen
- Cientos de opciones de inversión
- Información de la emisora/ETF reportada a la BMV
- Sistema exitoso y confiable desde 2003 con miles de inversionistas activos
- Desde enero de 2014, cualquier tipo de inversionista puede participar en el SIC

ESTADÍSTICA DE *SPLITS*

Invertir es como hacer dieta. Es simple pero no fácil. Todo el mundo sabe lo que tiene que hacer (comer menos y hacer más ejercicio). Nada podría ser más simple, pero pocas cosas son tan difíciles en un mundo lleno de chocolate y Cheetos.

Warren Buffett

UNA IDEA POPULAR

Durante los meses de recuperación del mercado por los factores comentados en los apartados anteriores, dos compañías muy reconocidas, Tesla y Apple, anunciaron planes para dividir sus acciones a través del mecanismo conocido como *split.* La muy favorable respuesta de los inversionistas (aumento de precio después de un alza acumulada ya destacada), propició la idea de que las juntas directivas de varias empresas podrían seguir su ejemplo en un esfuerzo por atraer a una audiencia minorista de inversionistas más amplia. En ese momento, existían una serie de empresas de alto precio que podrían verse favorecidas por una *split* para hacer que sus acciones fueran más accesibles para inversionistas con menor capital, al disminuir su alto precio en el mercado. Así lo hicieron Amazon, Google, Chipotle, Netflix, Nvidia, Adobe, Costco, Home Depot, Facebook y Microsoft.

AVANZAN EL 33 % EN DOCE MESES LUEGO DE LA *SPLIT*

En realidad no tiene absolutamente ningún sentido económico que una división provoque una recuperación de las acciones, pero casi siempre lo hace. Si bien una división de acciones no hace que una empresa sea «más barata» (baja el precio de la acción, pero la utilidad por acción baja en la misma proporción), en general, dado que su capitalización de mercado sigue siendo la misma, brinda a los inversores minoristas que no podían permitirse acciones a precios anteriores, la oportunidad de comprar con grandes descuentos (al escribir este texto el precio de una sola acción de Amazon superaba los $76 000 pesos). Sin embargo, los descuentos no duran mucho: la historia muestra que las marcas de renombre generalmente ven el repunte del precio de sus acciones poco después de una división. Las diez marcas mundiales más importantes que han llevado a cabo una división de acciones en los últimos 60 años han visto subir el precio de sus acciones en un promedio del 33 % durante los doce meses siguientes, según datos de la compañía de corretaje de activos múltiples y comercio social, con sede en Londres, eToro. Si bien esta es la primera división en los 10 años de historia de Tesla como empresa que cotiza en Bolsa, las acciones de Apple se han dividido cuatro veces antes, con lo que ganó un promedio del 10 %, según datos de eToro.

¿QUÉ ES UNA *SPLIT*?

Una *stock split*, o división de acciones, es un acto corporativo en el que una compañía divide sus acciones existentes en acciones múltiples para aumentar su liquidez. Aunque el número de acciones en circulación aumenta en un múltiplo específico, el valor total de las acciones sigue siendo el mismo en comparación con las cantidades prefijadas, porque la división no agrega ningún valor real. Las proporciones de división más comunes son dos por uno o tres por uno, lo que significa que el accionista tendrá dos o tres acciones, respectivamente, por cada acción que posea antes. Sin embargo, como ya se comentó, una baja en el precio permite mayor acceso a inversionistas con menos recursos.

LA ECONOMÍA Y LOS MERCADOS ¡NO ESTÁN DESCONECTADOS!

El miedo generalizado es tu amigo como inversionista porque sirve para comprar gangas.

Warren Buffett

LOS CICLOS DEL MERCADO

Mientras el mercado accionario en EUA avanzaba más del 60 % desde su nivel más bajo registrado en marzo de 2020, muchos señalan lo ilógico del mismo por la manera en que se había «desconectado» con la economía real. «Una economía en recesión, millones de desempleados y una pandemia que no termina no puede justificar un alza tan fuerte en el precio de las acciones». Nuestro punto de vista es que, si bien el mercado suele ser irracional, siempre termina por reconocer lo fundamental. La conexión existió, pero para identificarla, se necesitaba entender ciertas variables:

Anticipación. La razón básica del sólido desempeño bursátil en esos meses fue que, a pesar de que la economía estaba débil, el mercado accionario siempre mira hacia adelante. La estadística demuestra una anticipación promedio entre tres y seis meses. Las acciones subían ante la perspectiva de mejora en 2021, cuando el crecimiento promedio en utilidades netas de las 500 empresas del índice S&P 500 será de más del 30 % frente a una caída del 33 % en el 2T20. Además, en algún momento se resolverá el problema de la COVID-19 y el consumo regresará de manera muy importante. El bloque de noticias sobre la vacuna es cada vez más alentador.

Tasas de interés en cero y alta liquidez. Dentro de los estímulos económicos, el Sistema de la Reserva Federal (FED, por sus siglas en inglés) había decidido que mantendría las tasas de interés en un 0 % por un largo período (hasta el año 2023), además de inundar de liquidez al mercado. ¿Dónde, entonces, se puede poner el dinero para hacerlo rentable? ¡Comprando empresas (invirtiendo en Bolsa)!

Mayor número de participantes minoristas. Los participantes minoristas (personas físicas) crecían y representaban casi 20 % de las operaciones bursátiles y hasta un 25 % los días más activos. Muchos de ellos son jóvenes atraídos por opciones cada vez más accesibles en plataformas, instrumentos y montos mínimos de inversión. Se hartaron de estar encerrados jugando Fortnite o viendo Netflix; habían descubierto que podían ganar dinero operando.

Empresas ganadoras. A lo largo de este año no todas las empresas sufrieron, muchas compañías importantes están generando ventas y utilidades récord. Empresas como Apple, Google y Facebook obtienen más de la mitad de sus ingresos del extranjero. EUA constituye el 4 % de la población mundial y tiene el 25 % de las infecciones de la COVID-19. El resto del mundo está administrando mucho mejor la pandemia, por lo que si la mitad de los negocios de estas empresas proviene del extranjero, lo está haciendo bien.

Índices poco representativos. El alza del mercado se concentró en un pequeño subconjunto de acciones. En 2020, hasta principios de septiembre, las cinco principales acciones del S&P subieron un 48 %, mientras que las 495 restantes bajaron un 2 % en promedio. Los índices bursátiles como el S&P 500 están ponderados por la capitalización bursátil, lo que significa que cuanto más grande sea la empresa, más importa para el índice. Cuando se comparten los datos reales, la gente queda asombrada. Las acciones de grandes almacenes habían caído más del 60 % este año, pero representaban el 0.01 % del S&P 500. Las aerolíneas son menos de una quinta parte del porcentaje del índice. Si tomáramos los treinta sectores más débiles del S&P 500 y los elimináramos del índice, apenas simbolizarían el 2 % del índice total. A la inversa, las grandes tecnologías cuentan mucho. Solo seis acciones —Apple, Amazon, Microsoft, Facebook, Google y Tesla— representaban ya la mitad del Nasdaq 100. Esas acciones habían subido entre tres y 66 veces más que el mercado de valores en lo que contaba del año. Eso refleja lo que está sucediendo en finanzas; es decir, los mercados no se habían desconectado de la economía.

ECONOMÍA GLOBAL: ¿QUIÉN ES QUIÉN?

No importa lo que digan, las palabras
y las ideas sí cambian el mundo.

Robin Williams

EMPRESARIOS GLOBALES

Con enorme gusto, percibimos en la comunidad un mejor entendimiento de la inversión bursátil: la oportunidad de ser empresario de manera diferente. A esta coyuntura se suma además la oportunidad de ser empresario global, como comenté en la introducción de este libro. Los avances en la Bolsa Mexicana de Valores como institución, con el fortalecimiento de proyectos como el Sistema Internacional de Cotizaciones (SIC), permiten hoy comprar acciones en empresas internacionales con la misma facilidad que se hace en las empresas mexicanas. Sin embargo, esa oportunidad implica también mayor conocimiento global. En este apartado presentamos la cifra de crecimiento económico de una muestra amplia de países al 2T20. Ya sabíamos que este trimestre en particular (abril-junio) sería especialmente terrible para el mundo por la pandemia de la COVID-19; sin embargo, las decisiones que tomó cada país marcaron una fuerte diferencia en su impacto económico. Esto demuestra cómo una misma variable no afecta de la misma manera a todos. La recuperación esperada para 2021 tampoco será similar. En el caso de EUA, los primeros consensos están en un rango del 4.5 % al 5.5 % y en México del 1.5 % al 2.5 %. Al buen entendedor, pocas palabras.

Caída económica 2T20

Variación porcentaje del PIB respecto al 2T19 ajustado por inflación

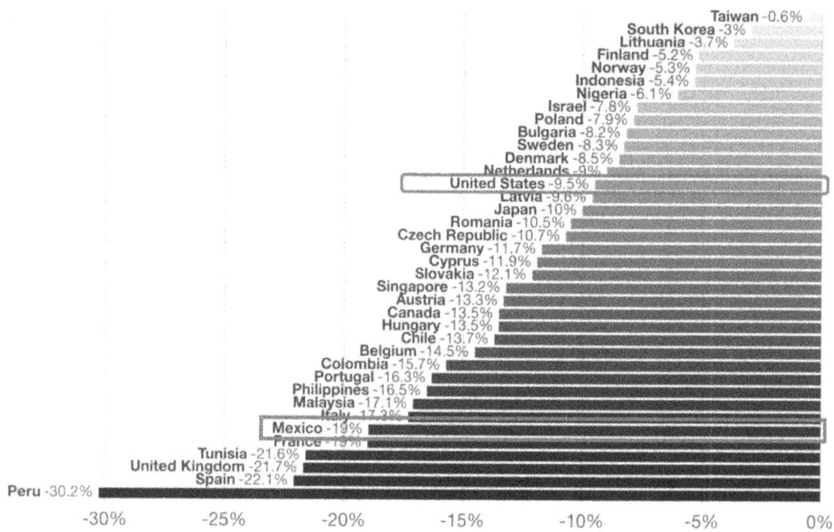

Fuente: Eurostat, OECD y agencias de cada país.
Nota: no se muestran los datos de China, cuyo PIB avanzó un 3.2 % luego de una caída del 6.8 % en el 1T20.

PIB: EUA VERSUS MÉXICO

La perspectiva permite juicio; la comparación, la reflexión.

Jean Paul Sartre *(La náusea)*

PERAS CON PERAS

En septiembre se presentaron el mismo día las cifras del PIB en EUA y México, correspondientes al 2T20. Como era de esperarse (ya lo hemos comentado en otros capítulos), las caídas fueron de las más fuertes en la historia de cada país (aunque un poco menor que los pronósticos). Los medios informaron de una baja del -32.9 % en EUA y del -18.9 % en México. Resulta indispensable señalar que estas cifras no son comparables entre sí. La metodología que se usa en EUA mide la evolución económica (PIB) con respecto al trimestre inmediato anterior (en este caso 1T20) y después anualiza el dato (se multiplica por cuatro). Por su parte, en México la evolución económica del período trimestral se compara con la del mismo trimestre del año anterior (1T19).

Si utilizamos la misma metodología de EUA en México con el objetivo de comparar la dimensión del ajuste económico entre ambos países, la caída del PIB en México al 2T20 resultó del -47 %, un dato realmente mayor a la baja del 32.9 % de nuestro principal socio comercial. Esta es una comparación más objetiva, real e importante, pues deja ver la verdadera dimensión del problema que actualmente tiene nuestra nación. Más allá del estimado del PIB del año, en donde los pronósticos van desde un -9.0 % hasta un -14.0 %, todo indica que la recuperación será lenta.

PIB 2T20	EUA	MÉXICO
Contra 1T20 Anualz.	-32.9 %	-53 %
Contra 2T19	-9.5 %	-18.9 %

TAMAÑO DE LOS ESTÍMULOS

Muy relacionado con las cifras de crecimiento económico de ambos países, sobre todo en términos de la recuperación prevista, las grandes diferencias entre los estímulos implementados por cada gobierno hacen la diferencia. EUA es una economía por lo menos diez veces más grande que la nuestra. Sin embargo, el monto de estímulos otorgados a empresas, familias y trabajadores para contrarrestar la crisis actual representa aproximadamente el 14 % de su PIB. En México, los estímulos ofrecidos son solo el 0.8 % del PIB. Sin hablar de quién recibirá antes, y en mucho mayor cantidad, la tan esperada vacuna contra la COVID-19.

Porcentaje PIB en estímulos

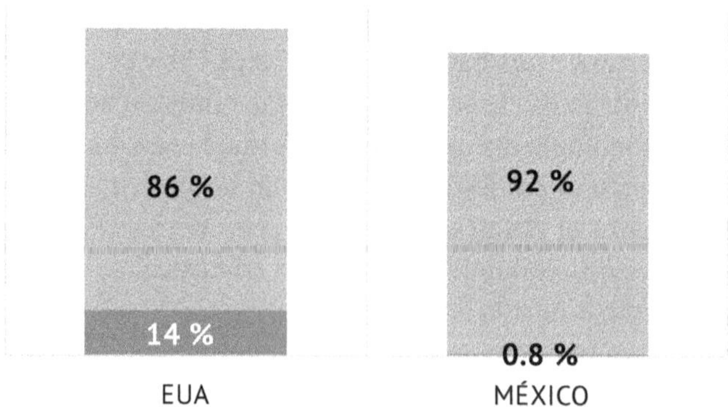

EL VENDEDOR DE SUSHI

Un optimista tiene siempre un proyecto.
Un pesimista tiene siempre una excusa.

Anónimo

LA PSICOLOGÍA DEL MERCADO

El mercado es volátil e irracional, una lección que tanto el presidente Trump como todos nosotros debemos recordar cuando se trata de comportamientos a corto plazo.

A mediados del mes de junio de 2020, el jefe de la Reserva Federal (FED), Jerome Powell, fue una vez más objeto de las críticas del presidente de EUA y otros funcionarios de la Casa Blanca. El índice Dow Jones Industrial cayó más de 1800 puntos luego de sus comentarios sobre la incertidumbre económica («millones de norteamericanos que tardarán años en recuperar sus empleos»). Trump tuiteó: «La Reserva Federal se equivoca tan a menudo. También veo los números, y hago MUCHO mejor que ellos. Tendremos un muy buen tercer trimestre, un excelente cuarto trimestre y uno de nuestros mejores años en 2021. También pronto tendremos una vacuna. Esa es mi opinión. ¡CUIDADO!». Otros funcionaros de la Casa Blanca se sumaron a las críticas contra Powell y la FED: «Yo diría que Powell y sus comentarios de ayer son probablemente la peor forma llevar a la FED en la historia. Cree que la mejor estrategia para el futuro sería simplemente proporcionar datos, hacernos saber hacia dónde van las tasas de interés y mantener la boca cerrada», dijo Peter Navarro, asistente de Trump, quien agregó: «Si Powell tuviera que comercializar sushi, lo vendería como pescado frío y muerto».

¿UN VASO MEDIO LLENO O MEDIO VACÍO?

Aquella no era la primera vez que Powell hacía declaraciones poco favorables para el mercado, para regresar con una opinión optimista más tarde, lo que propiciaba una reacción alcista en las Bolsas. Personalmente, creo que estas contradicciones buscan dar un equilibrio a los mercados. No es posible en tan poco tiempo ver un cambio de condiciones. Simplemente, la lectura de una misma variable siempre puede darse de maneras distintas, y es por ello por lo que la variable psicológica juega un papel definitivo en el ánimo de los participantes. Usted decida cómo quiere verlas. Como ejemplo, comparto una tabla en la que analizamos una misma variable (en el contexto de la COVID-19) con comentarios igualmente válidos:

Variable	Positivo	Negativo
Empleo	Después de más de treinta millones de solicitudes de desempleo, se recupera al tiempo en el que los sectores con mayor desempleo son los que están teniendo mayor demanda con la reapertura económica.	La recuperación total de los empleos tardará mayor tiempo.
Crecimiento económico	Se anticipa una fuerte recuperación a partir del 4T20.	Las cifras del 2T20 serán las de mayor desaceleración.
Alza de precios acciones	Los precios están anticipando la recuperación económica.	El alza fue muy rápida y fuerte, lo que justifica un ajuste a la baja.
Nuevos contagios	El pico de la COVID-19 ya quedó atrás en varios países.	Con la reapertura está habiendo nuevos contagios.
Vacuna contra la Covid -19	Varias empresas han mostrado importantes adelantos.	Faltan aún varios meses para que llegue.
Biden lleva delantera	Si gana, se elimina incertidumbre de guerras comerciales y promoverá fuerte al sector infraestructura.	Cobrará mayores impuestos a las empresas.

TERMÓMETRO BURSÁTIL

Nunca sabremos hacia dónde vamos con exactitud, pero más vale tener una buena idea de dónde estamos hoy.

Anónimo

UN CONSEJO A SEGUIR

Los ciclos del mercado se presentan siempre como un reto para el inversionista debido a que: 1) las alzas y bajas son frecuentes, 2) influyen en el resultado de nuestros portafolios, y 3) son impredecibles en magnitud y especialmente en tiempo (duración). En mi experiencia, concluyo que los ciclos son inevitables y el futuro impredecible. Sin embargo, la estadística confirma que los movimientos de alza son 8.5 veces más largos que los de baja (en promedio 9.5 años versus 1.5 años) y 11.5x más rentables en promedio que cuando caen (el 460 % de plusvalía versus el 41 % de minusvalía). Por ello invertimos a largo plazo y atendemos empresas y no al mercado.

No obstante, ante la imposibilidad de predecir el futuro, me pareció interesante compartir el punto de vista del estratega y cofundador del Fondo Oaktree Capital, Howard Marks, que insiste en que entender el presente es mucho más sencillo. «Debemos saber tomar la temperatura actual del mercado. Si estamos alerta y somos perceptivos, nuestros resultados serán mejores. Debemos entender nuestro alrededor. Esta sugerencia no es distinta a la que realizamos en otras actividades. Cuando conducimos, aceleramos dependiendo del estado del pavimento o del clima. El tiro que realiza un jugador de golf depende de la condición del viento y la geografía del campo. Como inversionistas, debemos conocer entonces también el entorno». En su libro *The Most Important Thing* (*Lo más importante*) (2011), propone una encuesta para ayudar a medir la temperatura actual del mercado. Howard recomienda identificar cuál es la condición de cada variable. Si existe una mayor cantidad de señales en la columna izquierda (como yo considero y apunta), entonces la oportunidad toca a la puerta.

Guía para atender el mercado accionario

Variable	Condición	
Economía	Activa	Lenta
Perspectiva	Positiva	Negativa
Prestamistas	Animados	Reservados
Liquidez mercado	Abundante	Escasa
Términos	Fácil	Restrictivo
Tasas de interés	Bajas	Altas
Diferenciales tasas	Estrechos	Amplios
Inversionistas	Optimistas	Pesimistas
Ejecutivos (propia empresa)	Recompran	Venden
Vendedores	Pocos	Muchos
Comportamiento reciente (Mdo)	Débil	Fuerte
Valuación de empresas	Bajas	Altas
Perspectivas de rendimiento	Altas	Bajas
Riesgo	Bajo	Alto

Fuente: Howard Marks (2011). The Most Important Thing.

HISTORIA DE DEVALUACIONES

El que se quema con leche, hasta al jocoque le sopla.

Refrán popular

DE UN 49 %, LA DEVALUACIÓN PROMEDIO DE LOS ÚLTIMOS CINCO SEXENIOS

Una de las preguntas más frecuentes de la comunidad en diferentes momentos ha sido ¿qué sucederá con el tipo de cambio?

Los pronósticos de consenso de economistas para finales de 2020 apuntaban a niveles entre $23 y $24 pesos. Atendiendo tan solo al sentido común, comentamos en aquellos meses que en la medida en que los indicadores económicos locales se compliquen más (así parecía) y la tasa de interés continuara a la baja, la presión sobre el tipo de cambio aumentaría.

Lamentablemente, y por distintas razones, parece que el comportamiento devaluatorio del tipo de cambio en la historia de México es ya una tradición. La gráfica siguiente nos recuerda la devaluación anual de nuestra moneda respecto al dólar por sexenio desde 1935 (catorce sexenios), de los cuales solo en uno (1941-1946), México observó un fortalecimiento en su moneda; en dos (1959-1964 y 1965-1970) preservó su valor, y en todos los demás (78 %) se presentó un movimiento devaluatorio. Tomando en cuenta únicamente los últimos cinco sexenios (hasta el del presidente Peña Nieto), el promedio de las devaluaciones por sexenio fue del 49.4 %. En el año y medio de la administración actual de AMLO, la devaluación es ya del 15 % (al 14 de julio de 2020).

México: porcentaje de devaluación por sexenio presidencial

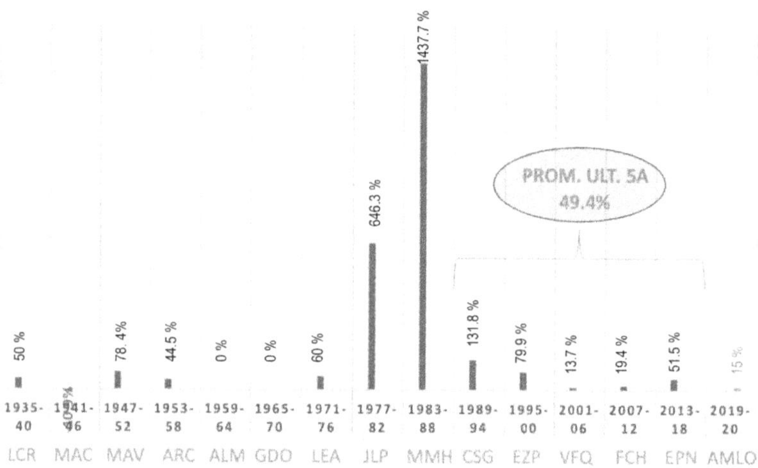

Fuente: Banxico / Ing. Manuel Aguirre Botello.

COBERTURAS EN ACCIONES GLOBALES

Esto significa que la falta de coberturas en dólares propició una pérdida, para quien utiliza dicha moneda, del 49.4 % en su poder adquisitivo cada sexenio. Sin confirmar el carácter predictivo de la estadística, la historia fortalece nuestra recomendación de cubrirse con acciones globales. De esta manera, a la ya demostrada naturaleza ganadora de los mercados accionarios en EUA se suma una buena cobertura cambiaria.

TECNOLOGÍA: ¡NO HAY DUDA!

> Aquellos que están tan locos como para pensar que pueden cambiar al mundo, son aquellos que lo hacen.
>
> **Steve Jobs**

INNOVACIÓN Y TECNOLOGÍA. PASADO Y FUTURO

Con frecuencia insistimos en que el sector de la tecnología ha resultado y seguirá siendo sumamente atractivo en su inversión según el enfoque del dueño de empresa. En un principio, los descubrimientos (avances) tecnológicos estuvieron disponibles solo para ciertos sectores sociales y económicos. Sin embargo, su desarrollo los hace cada vez más accesibles y universales, al grado de no darnos cuenta de la novedad que resultaron en su inicio. La gráfica siguiente recuerda el momento histórico en el que diversos productos tecnológicos aparecieron en EUA y la penetración que tuvieron en los hogares de los estadounidenses. Con el tiempo, esta fue cada vez mayor, al grado de que hoy todos (100 %) en EUA disfrutan de ellos.

¿QUÉ SIGUE?

El desarrollo de novedades es la característica principal del sector tecnológico. Por otra parte, observe cómo en la medida en que pasa el tiempo, la velocidad de «alcance» de la novedad es mucho más rápida. Los primeros productos «tecnológicos» tardaron muchos años en llegar a todos los hogares. Los más recientes, tardan infinitamente menos. ¿Qué cree usted que pasará con los que vienen? ¿Cuánto favorecerán a las empresas? ¿Está tomando decisiones para aprovechar esta permanente y cada vez más atractiva condición? Es por ello que hablar de empresas tecnológicas «caras» es sumamente subjetivo.

Adopción de tecnología en hogares de EUA, 1860-2019

Tasas de adopción de tecnología, medidas como el porcentaje de hogares en los Estados Unidos que usan una tecnología en particular

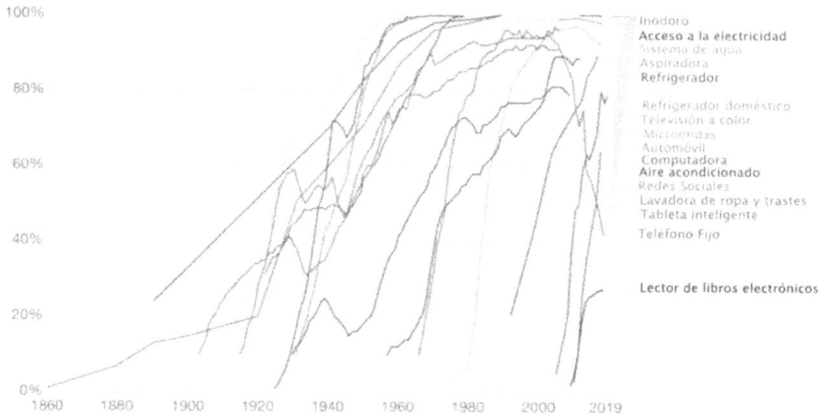

Fuente: Comin & Hobjin.

LA NUBE TECNOLÓGICA

Si tu negocio no está en Internet, tu negocio no existe.

Bill Gates

¿EN QUÉ CONSISTE?

La inversión bursátil ofrece una enorme cantidad de sectores y empresas para ser socio (dueño proporcional). De ahí la importancia de conocer el desempeño y perspectiva de cada una de manera fácil. Las empresas tecnológicas relacionadas con la nube son especialmente atractivas. En esta parte hablaremos sobre la información básica de la famosa nube. Esta permite almacenar y acceder a datos y programas a través de Internet en lugar del disco duro de una computadora. La nube es una metáfora de Internet (se remonta a los días de diagramas de flujo y presentaciones que representaban la gigantesca infraestructura de servidores de Internet como un cúmulo blanco e hinchado, con conexiones, que dan información mientras flota). El sistema de almacenamiento en la nube no consiste en tener un *hardware* o servidor dedicado de almacenamiento conectado a la red.

VENTAJAS

Al tener un procesador de textos basado en la nube, todo lo que escribe se guarda automáticamente. No hay necesidad de usar ninguna configuración para asegurar que el trabajo se guarde ni designar una carpeta para almacenar contenido. Muchos servicios en la nube están disponibles bajo demanda y son muy económicos. Tradicionalmente, existía el riesgo de comprar una red informática costosa y darse cuenta de que era más grande de lo necesario o con una configuración demasiado pequeña para lo que se requería. La nube hace estos escenarios menos probables, sin estar sujeto a contratos de largo plazo y ofrece servicios públicos o privados. Una cuenta de correo electrónico en la nube es un ejemplo de un servicio público. Sin embargo, varias empresas usan redes privadas virtuales para acceder a nubes privadas solo accesibles para las personas que trabajan en una empresa o departamento en particular.

BENEFICIOS PARA EMPRESAS

Reducción de los costos. En lugar de comprar costosos sistemas y equipos, contratan los recursos de su proveedor de servicios en la nube.

Escalabilidad. Permite ampliar o reducir rápido operaciones y necesidades de almacenamiento para adaptarse a cambios de contexto. La nube optimiza también más tiempo para que se concentre en su negocio.

Continuidad del negocio. Protege datos y sistemas que permiten planificar y dar continuidad al negocio. Ya sea por un desastre natural, un corte de energía u otra crisis. Tener datos almacenados en la nube garantiza un respaldo protegido en un lugar seguro, para acceder de nuevo rápidamente.

Colaboración eficiente. Si se está trabajando en un proyecto en diferentes ubicaciones, la nube permite dar a los empleados, contratistas y otros, accesos a los mismos archivos.

Flexibilidad laboral. Los empleados pueden acceder a los datos desde su casa, durante las vacaciones o durante su viaje hacia y desde el trabajo.

Actualizaciones automáticas. Los sistemas se actualizarán regularmente con la última tecnología. Esto podría incluir versiones actualizadas de *software*, así como actualizaciones de servidores y poder de procesamiento de la computadora.

CRECIMIENTO: ORIGEN E IMPACTO

Me gusta mejorar, no me apetece dar un paso atrás.

Michael Jackson

PENSAR Y ACTUAR COMO EMPRESARIO

El primer criterio que valuamos al identificar una empresa como extraordinaria al momento de considerarla para su compra (dueños de empresas) es el crecimiento. Buscamos que su crecimiento futuro a nivel operativo (ventas, generación de flujo libre, Ebitda, etc.) sea mayor al promedio de su industria o del mercado en general.

Existen dos tipos de crecimiento: 1) orgánico, que se refiere al crecimiento natural de la empresa, asociado con el éxito de su producto o servicio, además de aspectos de eficiencia; entre mejor es el producto o servicio, mayor es la demanda; y 2) fusiones; es decir, cuando una compañía concreta la compra de otra en busca de sinergias o expansión de nuevos mercados o productos. Este tipo de operaciones puede generar crecimientos explosivos (a muy corto plazo) que favorecen la valuación y precios de acciones en el mercado.

ADQUISICIONES CARACTERÍSTICAS DEL SECTOR TECNOLÓGICO

Dada su naturaleza, el crecimiento mediante adquisiciones es muy tradicional en el sector tecnológico. Como ejemplo, la gráfica siguiente recuerda las más destacadas que Apple ha realizado desde hace años. Es una de las razones que dificulta una valuación fácil del sector, pero al mismo tiempo es la razón más importante que valida un importante crecimiento a mayor plazo en el mismo, más allá de temas coyunturales. ¡Es el sector más prometedor!

ADQUISICIONES EN EL TIEMPO DE APPLE

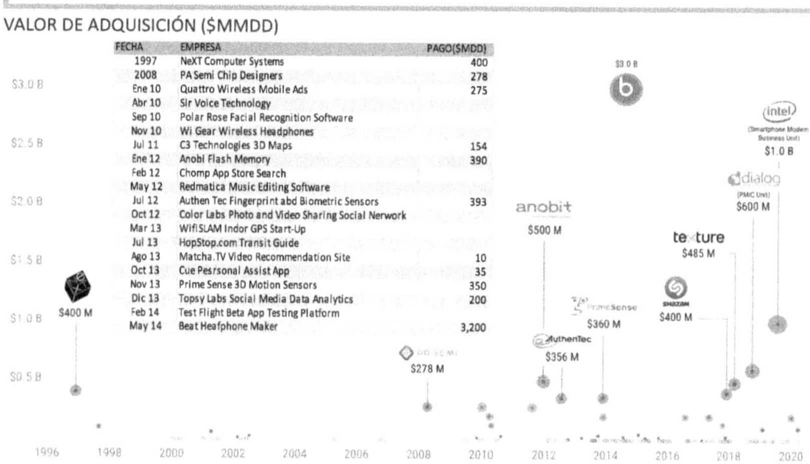

FECHA	EMPRESA	PAGO($MDD)
1997	NeXT Computer Systems	400
2008	PA Semi Chip Designers	278
Ene 10	Quattro Wireless Mobile Ads	275
Abr 10	Sir Voice Technology	
Sep 10	Polar Rose Facial Recognition Software	
Nov 10	Wi Gear Wireless Headphones	
Jul 11	C3 Technologies 3D Maps	154
Ene 12	Anobi Flash Memory	390
Feb 12	Chomp App Store Search	
May 12	Redmatica Music Editing Software	
Jul 12	Authen Tec Fingerprint abd Biometric Sensors	393
Oct 12	Color Labs Photo and Video Sharing Social Nerwork	
Mar 13	WifiSLAM Indor GPS Start-Up	
Jul 13	HopStop.com Transit Guide	
Ago 13	Matcha.TV Video Recommendation Site	10
Oct 13	Cue Pesrsonal Assist App	35
Nov 13	Prime Sense 3D Motion Sensors	350
Dic 13	Topsy Labs Social Media Data Analytics	200
Feb 14	Test Flight Beta App Testing Platform	
May 14	Beat Heafphone Maker	3,200

Fuente: Apple.

¡NO VENDA! NO SE TRAICIONE A USTED MISMO

La traición nunca es fácil de manejar y no hay forma correcta de aceptarla.

Cristine Fehan

NO TOMAR DECISIONES APRESURADAS

Justo cuando muchos se comenzaban a convencer de que el mercado accionario estaba ya más seguro y que continuaría su movimiento de alza, vinieron correcciones en diferentes momentos que propiciaron el regreso de dudas, temores y desconfianza.

En otros libros, artículos y notas diarias insisto en alertar sobre el peligro que representa tomar decisiones apresuradas o motivadas por el pánico. Ante el temor, vender las empresas de las que somos dueños podría parecer adecuado, sobre todo si sabemos que otros también lo están haciendo («pensamiento en manada»). Cuando usted vende, es probable que tarde tiempo en reconocer que se equivocó. Se alejará tal vez de por vida del mercado y, sin darse cuenta, estará abandonando objetivos y proyectos patrimoniales que solo podrían ser alcanzados con una buena disciplina de inversión bursátil que requiere una visión a mayor plazo.

1. **La naturaleza del mercado es alcista.** No importa cuán terribles puedan parecer las cosas en un día o semana, las acciones

históricamente recuperan sus pérdidas y continúan subiendo. La naturaleza de las buenas empresas es progresiva. Mejoran sus utilidades de manera permanente por inflación (alza de precios de sus productos o servicios); crecimiento poblacional (mayor demanda); menores costos por avances tecnológicos y constante crecimiento en innovación o adquisiciones de otras empresas. Hace solo unos días, los índices accionarios en EUA (S&P 500 y Nasdaq) borraron todas sus pérdidas acumuladas en el año (2020) y registraron nuevos máximos. A corto plazo, el mercado puede ser volátil, pero a mayor plazo siempre subirá. Los humanos somos emocionales y reaccionamos impulsivamente cuando tenemos miedo. Aprenda a librarse del pánico y a confiar en que el mercado mejorará.

2. **Usted tiene objetivos, ¡no los abandone!** Usted decidió participar con un enfoque a largo plazo buscando objetivos como una jubilación cómoda, un negocio independiente, la educación de sus hijos, una casa de descanso, etc. ¿De verdad está dispuesto a abandonar o desviar esos objetivos solo porque la Bolsa tuvo algunos días difíciles? En mi desarrollo profesional he visto a muchos alejarse del mercado ante caídas y decisiones equivocadas que les imposibilitaron más adelante crear un buen patrimonio. Si la volatilidad lo mantiene despierto, tal vez necesite reevaluar su diversificación de inversiones, pero recuerde que todos los grandes creadores de patrimonio estructuran sus portafolios con posiciones de hasta un 50 % cuando son dueños de empresas (en acciones). Evite mirar sus saldos maltratados y mantener sus manos fuera de su cartera. Considere solicitar la ayuda de un asesor financiero si no se siente lo suficientemente confiado en sus propias habilidades para decidir en tiempos complicados, y no se asuste por las fluctuaciones rutinarias a corto plazo.
3. **Las crisis del mercado son excelentes oportunidades de compra**. En los días en los que el mercado accionario recibe una paliza, no piense que está perdiendo. Concéntrese más bien en lo que podría comprar. Una caída o «corrección» del mercado genera oportunidades. En febrero de 2020, cuando el mercado comenzó a hundirse fuertemente, insistíamos en que era una oportunidad como pocas desde hace tiempo. No tenga miedo de asumir nuevas inversiones cada vez que el mercado baje, pero asegúrese de hacer una elección correcta y diversificada de las empresas de las que será dueño.

MUCHAS EXCUSAS, PERO NINGUNA BUENA RAZÓN

Sin excusas.

SNX

¡SEA UN EMPRESARIO EN BOLSA!

Perfectamente alineado con el capítulo anterior, difícilmente podremos demostrar de manera más contundente que con lo contenido en este apartado, por qué ser empresario en Bolsa representa la mejor decisión para construir patrimonios.

Recuerde: usted no compra el mercado, ¡usted es dueño de un grupo de empresas exitosas! En 2020 las perspectivas de la gran mayoría ante la cercanía de la vacuna contra la COVID-19 resultaban aún mejores por la implicación en un fuerte regreso del consumo. Usted es socio de algunos de los directores más talentosos que encabezan estas empresas.

¡SIN EXCUSAS!

A continuación presento una gráfica que recuerda el comportamiento del índice S&P (EUA) en los últimos 12 años. Se describen eventos importantes, difíciles, que en su momento resultaron una buena razón (excusa) para no participar, vender y dejar de ser dueño de buenas empresas.

Muchos dejaron aparentemente de lado una visión de mayor plazo, la disciplina y la atención a sus empresas, y no prestaron atención al contexto.

El resultado fue el mismo de siempre: se traicionaron ellos mismos. Cualquier inversionista que ha permanecido en buenas empresas, ha logrado crear importantes patrimonios. Los inversionistas que, además, identificaron los ciclos de baja como una oportunidad, incrementaron aún más sus patrimonios. ¡Nunca será diferente!

Razones que tuvieron para vender

Fuente: Stockcharts.com. Variación del S&P 500 +495 % desde mínimos en 2009.

BURBUJAS

Es mucho mejor comprar una compañía maravillosa a un precio justo, que una compañía justa a un precio maravilloso.

Warren Buffett

UN PELIGRO AL ACECHO

En cualquier momento en el que los precios de acciones alcancen máximos, el temor de muchos por una caída fuerte estará siempre presente y más de uno afirmará que se está conformando una peligrosa burbuja.

El concepto de burbuja en un mercado financiero se refiere a un fenómeno que se caracteriza porque los precios de los activos aumentan de forma repentina a niveles muy superiores al valor fundamental (o real) de ese activo. Las burbujas son a menudo difíciles de detectar en tiempo real porque hay desacuerdo sobre el valor fundamental del activo, pero cuando los precios avanzan acompañados por fuertes utilidades conocidas y esperadas, entonces la burbuja se desactiva. ¡Recuerde no confundir precios con valor!

ANÉCDOTAS VERSUS TENDENCIAS

En el año de la pandemia llegan a suceder avances extraordinarios de precios en empresas, aparentemente sin fundamentos muy sólidos para algunas (la compañía Tesla de vehículos eléctricos, por ejemplo, avanzó un 400 % en menos de un año), pero fueron sucesos anecdóticos y no de una tendencia general del mercado. Ha pasado una década desde la crisis financiera y dos desde la «explosión» de las puntocoms. Posiblemente, tiempo suficiente para que las personas hayan olvidado lo que realmente significa un alza excesiva de precios sin fundamentos. En la década de 1990, Internet cautivó el entusiasmo masivo de inversionistas, quienes dirigían grandes sumas a cualquier cosa relacionada con un puntocom conectado. El colapso del año 2000 enseñó a los participantes que se necesitaba más que una idea de alto concepto para hacer que una acción valiera la pena de ser comprada: el crecimiento y el flujo de caja futuro también son muy importantes.

COMPARATIVOS

El rendimiento del mercado accionario en EUA en los últimos años ha sido favorable pero no desproporcionado; la ganancia del 31 % del año 2019 en el S&P 500 fue engañosa: la mayor parte de eso simplemente reflejó el rebote de la caída del cuarto trimestre de 2018 por las preocupaciones de una recesión que nunca sucedió. En realidad, desde 2015 el índice S&P 500: ha tenido ganancias anuales del 11.8 %, para un rendimiento total acumulado a 5 años del 75 %, mientras que el índice tecnológico Nasdaq registró en el mismo plazo el 17.6 % anual y rendimientos totales acumulados del 125 %. ¡Muy bueno! Pero eso no es una burbuja.

Compare ahora las cifras con los 5 años anteriores al pico del mercado en marzo de 2000: el Nasdaq generó rendimientos anuales del 60 % y un rendimiento total de 5 años del 946 %, mientras que el S&P 500 ganó el 25 % anual y el 211 % para esos 5 años. ¡Eso fue una burbuja! Claro, hay momentos de excesivo optimismo, siempre los hay. Pero también hay muchas empresas que no participan del todo en esta última alza del mercado alcista. Quienes vivimos la década de 1990 sabemos cómo es una verdadera burbuja.

¿Nota la diferencia?
1995-2000. S&P 500 variaciones % anuales del 25 %. En cinco años acumula el 211 %. Nasdaq 100 variaciones % anuales del 60 %. En cinco años acumula 946 %.

Fuente: Bloomberg.

¿Alguien ve alguna burbuja?
2015-2020. S&P 500 variaciones % anuales del 11.8 %. En cinco años acumula el 75 %. Nasdaq 100 variaciones % anuales del 17.6 %. En cinco años acumula 125 %.

Fuente: Bloomberg.

QUIEBRAS EN EUA

Lo único de lo que el mundo no se cansará es de exagerar.

Salvador Dalí

LA VERDADERA CAUSA

Medios en EUA destacan un creciente número de quiebras asociadas con las consecuencias de la COVID-19 (establecimientos cerrados por varias semanas y consumidores en cuarentena). Sin descartar el efecto de la pandemia, la realidad es que históricamente las quiebras de empresas se relacionan en un 80 % con el endeudamiento excesivo y en un 20 % con otras razones. Hasta el mes de junio de 2020, la cantidad de empresas quebradas en EUA alcanzaba una cifra de 23 144, una cantidad creciente desde hace 2 años (2018). No obstante, si consideramos un registro de los últimos 25 años, observamos que la cifra es un 25 % inferior al promedio de los últimos 25 años (30 850 empresas por año).

El cierre de empresas es lamentable, pero entendamos que esto ha sido una constante en EUA y que ha habido mayores quiebras en momentos menos complicados que el vivido en 2020 con la COVID-19.

Historias de empresas quebradas en EUA (2017-2020)

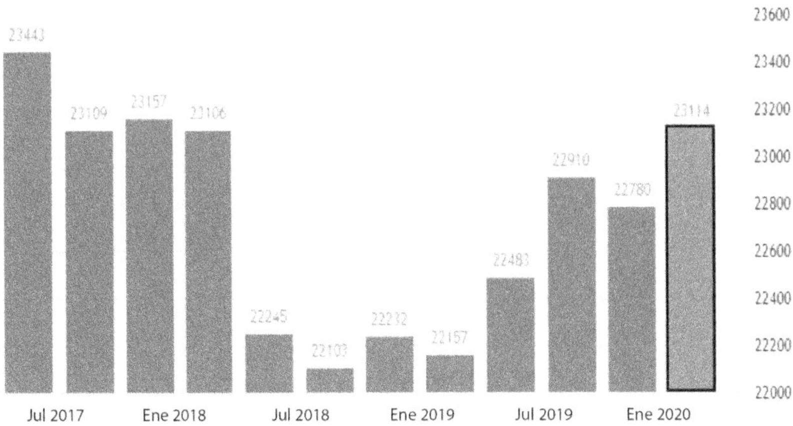

Fuente: tradingeconomics.com, Oficinas Administrativas de los tribunales de EUA.

Historias de empresas quebradas en EUA (25 años)

Fuente: tradingeconomics.com, Oficinas Administrativas de los tribunales de EUA.

2021: FUTURO PROMETEDOR

Aprende del pasado, prepárate para el futuro,
pero vive el presente.

Joyce Meyer

UN POCO DE OPTIMISMO

Entre la creciente ola de especialistas que anticipan un mejor escenario para el año 2021, destaca a mi juicio la exposición de la firma Goldman Sachs (GS) que publicó hacia finales del mes de agosto 2020: «Ahora esperamos que al menos una vacuna sea aprobada para fines de 2020 y se distribuya ampliamente a fines del 2T21. Hemos incorporado esto a nuestro pronóstico económico y ahora asumimos que el gasto se estará acelerando en el 1S21 a medida que los consumidores reanudan sus actividades al percibir menor riesgo a la COVID-19».

Recordemos que el gasto de consumo representa el 70 % de la actividad económica de EUA. Por ello, la disponibilidad de la vacuna resulta clave para dar confianza al consumidor y que vuelva a gastar, y así las empresas volverán a crecer, lo que a su vez genera más empleo, creando así un «círculo virtuoso». Un ciclo virtuoso es una serie de etapas que se repiten consecutivamente de manera indefinida, donde el éxito llama a más éxito, en este caso a un crecimiento constante. El mayor optimismo de GS lo llevó a aumentar su pronóstico de crecimiento del PIB para 2021 al 6.2 %

desde un 5.6 % y reducir su pronóstico de tasa de desempleo de fin del año 2021 al 6.5 % desde un 7 % (actualmente en un 10.2 %). Mientras que el consenso de analistas anticipa que para 2021 las utilidades netas promedio de las 500 empresas del índice S&P se recuperarán un 29.5 %, GS espera un crecimiento del 31 %. Para 2020 se esperaba una caída promedio de utilidades del 19 % en el mismo grupo de empresas. Insisto, las noticias nunca se «descuentan al 100 %». Si bien el mercado accionario estaba animado por la idea de tener la vacuna a finales de año, la confirmación del evento debería generar un avance aún mayor en los precios de las acciones. La gráfica siguiente ilustra los distintos impactos en el PIB real (PIB nominal menos inflación) de EUA en función del tiempo de la aprobación de la vacuna contra la COVID-19.

EUA: PIB escenarios por tiempo de vacuna

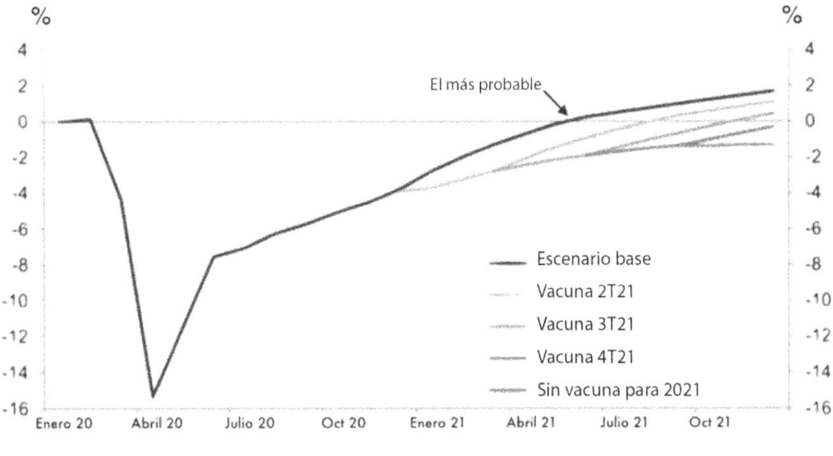

Fuente: Goldman Sachs.

LA ERA POSCOVID, ¿ESTÁ PREPARADO?

El nombre del mayor de todos los inventores: accidente.

Mark Twain

PROSPERIDAD DESPUÉS DE LA CRISIS

En la introducción de este libro mencioné que las grandes eras de cambio y crecimiento de la humanidad siempre han sido precedidas por alguno de estos tres eventos: 1) grandes accidentes naturales, 2) grandes guerras, y 3) fuertes epidemias o enfermedades.

Estos avances seguidos se tradujeron en épocas de prosperidad económica y, en consecuencia, de alza en los mercados accionarios. Mark Twain decía, con sabiduría, que el nombre del mayor de todos los inventores era: accidente.

Albert Einstein señalaba que es durante las crisis donde aflora lo mejor de cada uno. «Las crisis son la mejor bendición que puede suceder a personas y países, porque traen consigo progresos». La pregunta es: ¿está usted preparado para aprovechar la próxima gran era?

UN VISTAZO AL FUTURO... Y EL RIESGO DEL DESCONOCIMIENTO

La clave del próximo auge, tal y como sucedió en la década de 1920, será la productividad mejorada por la tecnología. El mayor riesgo para muchos individuos después de estos eventos es que podrían ser ajenos a las innovaciones biotecnológicas que brinda, no solo una vacuna contra la COVID-19 sino para todos los coronavirus. Los científicos han estudiado una variedad de enfoques para combatir la COVID-19. Muy probablemente, más allá de encontrar una cura o una vacuna, uno de los resultados beneficiosos de toda esta investigación será que los científicos aprenderán muchas otras formas de combatir las enfermedades, en general, y los virus, en particular. Agreguemos eso a la robótica, la inteligencia artificial, la nanotecnología, la cadena de bloques, los vehículos eléctricos, la computación cuántica, etc. (son impresionantes los resultados, los proyectos y los planes que muchas de nuestras empresas tecnológicas han informado durante los últimos meses de pandemia). De esta manera, es evidente que estamos en la antesala de una transformación histórica, al igual que los avances en transporte, manufactura, electricidad y plomería que se presentaron hace 100 años en 1920.

Recuerde la tendencia natural alcista de largo plazo del mercado, pero avivada ahora por los avances tecnológicos. ¡Un extraordinario momento para ser empresario en Bolsa! ¿No lo cree?

PARTE 2

Mitos de la educación financiera en México

LOS MITOS

Los mitos son sueños públicos; los sueños, mitos privados.

Anónimo

VERDADES PELIGROSAS

Los mitos se entienden como historias imaginarias que alteran las verdaderas cualidades de una persona o de una cosa y les dan más valor del que tienen en realidad. «Aquella promesa de éxito era solo un mito». Suceden en diferentes áreas (medicina, trabajo, social, deporte, etc.) y, por lo tanto, bajo determinadas circunstancias, pueden ser peligrosos. Comparto diez ejemplos populares:

1. **Los humanos tienen cinco sentidos.** Fue Aristóteles quien catalogó que los humanos tenemos cinco sentidos. En realidad, tenemos entre nueve y veinte.
2. **Somos más artísticos o racionales dependiendo del hemisferio que domina en nuestro cerebro.** Sí, el cerebro tiene zonas especializadas, pero uno de los hemisferios no puede dominar sobre el otro.
3. **Las neuronas no se regeneran.** Desde los años noventa existen pruebas científicas de que el cerebro tiene capacidad de regeneración, gracias precisamente a la neurogénesis.
4. **El alcohol calienta.** En realidad, el alcohol baja la temperatura del cuerpo. Es peligroso beberlo cuando hace mucho frío.

5. **Las uñas y el pelo siguen creciendo después de la muerte.** Un cadáver no produce nuevas células. Lo que pasa es que la piel que rodea las uñas se deshidrata, de manera que estas parecen más largas. Lo mismo ocurre con la piel de la barbilla.
6. **Los diamantes son carbón sometido a una presión extrema.** Los diamantes son minerales con carbono que han sido expuestos a altas presiones. Pero los diamantes tienen entre 3000 y 1000 millones de años de antigüedad, mientras que el carbón tiene solo unos 300 millones de años.
7. **El agua conduce la electricidad.** El agua pura es un aislante. Son las impurezas (como las distintas sales que suelen estar en el agua) las que conducen la electricidad.
8. **Los toros no distinguen el rojo**. Los toros ven el color rojo, pero no les provoca agresividad. En las corridas, atacan por el brillo y el movimiento del capote.
9. **Los murciélagos son ciegos.** En realidad, los murciélagos ven casi tan bien como los humanos, pero para su habitual caza nocturna se orientan con ultrasonidos.

Sobre los mitos peligrosos que existen, aquellos relacionados con la educación financiera me parecen especialmente importantes. Con más de 35 años en el medio financiero, he sido testigo de lamentables consecuencias en México asociadas con muchos de estos mitos.

En la oportunidad que tengo de presentarme frente a distintas audiencias como estratega en inversiones, recibo a menudo la pregunta sobre los mayores retos y oportunidades para nuestro país, México. ¿Estado de derecho?, ¿reformas estructurales?, ¿acuerdos comerciales?, etcétera.

Cuando nos referimos a los grandes retos y oportunidades de México, el común denominador de todos ellos apunta a un mismo origen: la educación. Y aunque la educación deberá entenderse siempre en un sentido amplio que abarque valores como el respeto y la honestidad, que inician desde nuestros hogares, la educación académica por sí misma representará siempre la primera llave para abrir la puerta de oportunidades. Oportunidades que crecen en la medida en que la experiencia profesional se suma y enriquece a un estudiante.

Dentro de la educación académica, la enseñanza financiera resulta especialmente pobre. Pareciera que debe ser exclusiva para aquellos que deciden estudiar carreras relacionadas con economía, finanzas, contaduría o administración, o para quien se especializa en un nivel de maestría o doctorado. ¡No! Nada más equivocado, la educación financiera es una materia universal, tanto como la historia, el civismo o los primeros auxilios, y además, entre más se enseñe a edades tempranas, mucho mejor para todos.

El problema se complica cuando a la pobre educación financiera de México se suman una serie de mitos y percepciones equivocadas que por generaciones han evitado tomar mejores decisiones de inversión, imposibilitando así la creación de patrimonios sólidos cuyos beneficios individuales se traducen siempre en beneficios colectivos.

Por otra parte, la educación financiera incorpora aspectos más allá de los académicos. El sentido común resulta un elemento importante. Es indispensable poder identificar oportunidades que constantemente se presentan a nuestro alrededor, ser capaces de dejar de pensar únicamente como consumidores y vernos como potenciales dueños de las empresas que ofrecen productos y servicios que se consumen cada vez en mayor cantidad a nivel local y global.

En otros países, el haber entendido la diferencia entre el ahorro y la inversión, y la manera en que esta, a través del mercado accionario, representa en realidad una oportunidad para convertirse en empresario (socio) de manera diferente ha propiciado grandes beneficios.

Lo dije antes y lo repito: la creación y conservación de patrimonio no debe ser vista como un objetivo, sino como un fin. No se trata de la cantidad de ceros que usted pueda tener en una cuenta bancaria, sino de lo que puede hacer con ese patrimonio. De poco servirá ser el más rico del panteón o acaudalar una gran fortuna a costa de enfermedades. El propósito de una educación y cultura financiera, particularmente de inversión, consiste en alcanzar un nivel de estabilidad y bienestar económico, que le permita atender temas mucho más importantes que el dinero.

Esta segunda parte del libro, *Vacuna patrimonial*, pretende desterrar algunos de los mitos más peligrosos de la educación financiera en México.

9 MITOS FINANCIEROS ARRAIGADOS Y PELIGROSOS

La primera vez que me engañes, será culpa tuya;
la segunda vez, la culpa será mía.

Proverbio árabe

EN QUÉ CREEN LOS MEXICANOS

Entre los mitos financieros más arraigados y peligrosos que existen en México, los siguientes 9 destacan por haber impedido a muchos mexicanos construir sólidos patrimonios económicos:

1. **Dinero y felicidad.** «Entre más dinero, más feliz».
2. **Inversión.** «Es solo para especialistas». «Debes saber finanzas, contabilidad, economía o administración». «Involucra fórmulas complejas y demanda mucho tiempo». Ya lo expuse antes, debería ser una materia universal.
3. **Tasa bancaria.** «Es lo más seguro para mantener tu dinero». Ningún ahorrador ha construido patrimonios. Se necesita invertir.
4. **Bienes raíces.** «Invertir en ladrillos es lo mejor». «No hay forma de perder». También tiene muchos riesgos. Tampoco se trata de todo o nada. Puede ser una parte de un portafolio diversificado. La diversificación es la estrategia básica para disminuir riesgos.
5. **Casa y coche.** «Es lo primero que debes comprar en cuanto puedas para asegurar un patrimonio». «Con esto ya estás protegido». «El

casado, casa quiere». Para el análisis de un portafolio no se consideran este tipo de activos, pues implican gastos relacionados con renta, hipoteca, predial, mantenimiento, servicio, verificación, depreciaciones, etc. Las inversiones agregan valor, no generan gastos.

6. **Empresario.** «Es muy complicado, requiere preparación, conocimiento y experiencia». «Es arriesgado, dos de cada diez empresas que inician sobreviven después de un año en México». Existen otras maneras distintas a las tradicionales o a las franquicias. Más adelante lo comentaremos.
7. **Bolsa.** «Es sumamente riesgosa». «Puedes perder todo». «Es un tema de suerte». «Se necesita mucho dinero. Además, el desempeño de la Bolsa ha sido muy malo en los últimos años». Vamos a detenernos en ellos, a documentarnos, y concluya usted la realidad, pero sobre todo la oportunidad que ofrecen.
8. **Relación riesgo-rendimiento en la Bolsa.** «Todos los participantes en Bolsa asumen el mismo nivel de riesgo y tienen la misma expectativa de rendimiento». Por supuesto que no. Esta relación depende de la selección de emisoras y de la distribución de cada una, ya sea en un portafolio individual o en un fondo abierto al público.
9. **El especialista lo sabe todo.** «Nadie sabe más que los demás, simplemente sabemos cosas diferentes». La retroalimentación y compartir experiencias nos enriquecen y nos hacen crecer a todos.

EL DINERO: UN MEDIO, NO UN FIN

Felicidad es tener salud, dormir sin preocupaciones
y despertar sin angustias.

Anónimo

EL CAMINO A LA FELICIDAD

Más que un mito, este primer tema apunta a una percepción equivocada y peligrosa. Procurar un buen patrimonio debe ser visto como un medio y no como un fin; un medio para alcanzar objetivos personales. Un objetivo universal es, sin duda, la felicidad. El tema de la felicidad puede ocupar una enciclopedia completa, yo le dedicaré únicamente algunas páginas.

Un buen amigo y maestro, además de exitoso empresario, Sam Podolsky, me comentó alguna vez que existen tres elementos importantes para ser feliz. Me convenció y desde entonces los he hecho míos:

- compañía
- salud
- estabilidad económica

Compañía: nadie puede ser feliz sin tener con quien compartir su felicidad. Una persona aislada y sola difícilmente puede sentirse plena. La compañía va más allá de la familia, los amigos o hasta las mascotas; incluye aspectos espirituales muy individuales y siempre indispensables.

Salud: poco que agregar. Hay enfermedades que el dinero no puede curar. Quien ha padecido una enfermedad o dolor sabe que difícilmente se puede disfrutar «todo» de la misma manera que cuando se está sano.

Estabilidad económica: esto significa ni poco ni demasiado, ambos extremos son malos, generan preocupación y nos distraen para atender cosas más importantes y lograr ese buen balance del que hablé en la introducción del libro.

Para los ojos de muchos externos, pareciera que para quienes nos desarrollamos profesionalmente en el medio financiero, el dinero es lo más importante. No obstante, los verdaderos asesores financieros estamos convencidos de que nuestra función es proveer servicio, ayudar.

La gráfica siguiente muestra el ciclo de vida patrimonial. Tras un período de mayor prosperidad que debería iniciar cerca de los 50 años, como resultado de una disminución de gastos (escuelas, hipotecas, etc.) y madurez profesional, la «curva patrimonial» tiende a disminuir años más tarde, cuando no se cuenta con una buena estrategia de inversión desde años antes. Cuando el ritmo de trabajo disminuye o cuando los cuidados médicos aumentan.

Ciclo de vida patrimonial

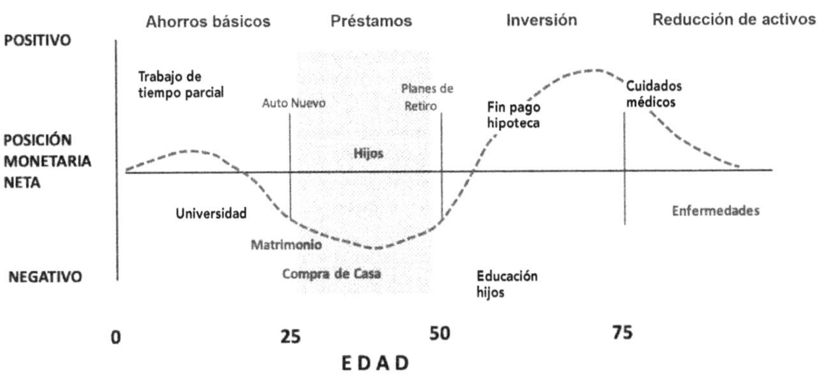

Otros «ingredientes de felicidad» que ya mencionamos suelen también observar una tendencia a la baja a medida que el tiempo avanza.

Ciclo de vida patrimonial versus balance de vida

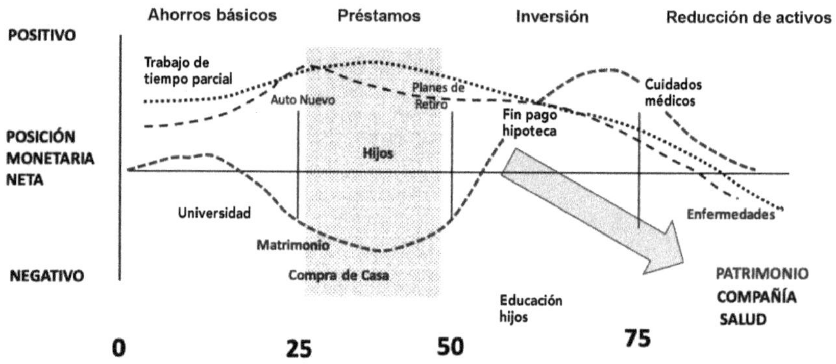

Por ello es por lo que insistimos en entender la creación de patrimonio como un medio. Si logramos construirlo y preservarlo, entonces podemos avanzar también en los otros temas para obtener así un mayor beneficio a vida, de manera integral.

Ciclo de vida integral

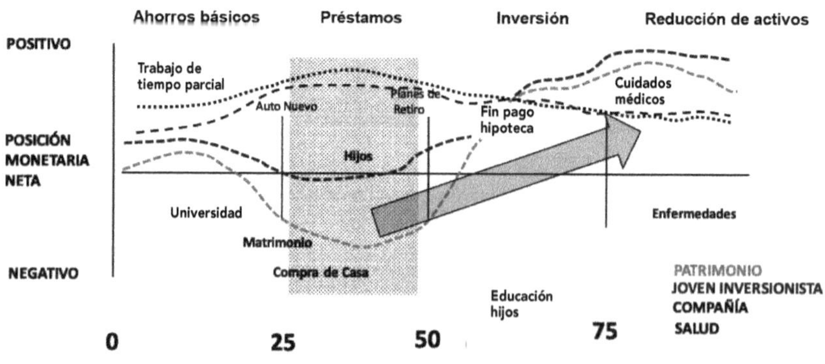

Otro gran maestro mío, Javier Molinar Horcasitas, me ha comentado en varias ocasiones que trabajas para vivir y no debes vivir para trabajar. «De poco servirá ser el más rico del panteón» o destinar tu patrimonio en los últimos años a tratamientos de enfermedades. Más lamentable aún, terminar solo por no haber atendido aspectos más importantes.

La idea de que tener dinero produce automáticamente la felicidad ha sido una tesis muy discutida en el mundo desde hace muchos años y de una permanente reflexión.

Muchos empezaron a cuestionar la leyenda de que el dinero compra la felicidad, a partir de la evidencia científica que en 1974 presentó Richard Easterlin (profesor de la Universidad del Sur de California en EUA y miembro de la Academia Nacional de Ciencias y Artes), al estudiar la relación en diferentes países y concluir que, a partir de un cierto nivel de ingreso per cápita ($15 000 dólares estadounidenses anuales a valor actual), más dinero no aportaba más felicidad. Ese resultado se llamó la paradoja de Easterlin. El descubrimiento tuvo consecuencias importantes: 1) algunos psicólogos desarrollaron teorías económicas que utilizaban el concepto de renta relativa («yo soy más feliz, no si mi renta sube en valor absoluto, sino si sube con relación a la de mis vecinos»); 2) la ONU creó un índice de desarrollo humano que incluye salud, mortalidad infantil y educación, entre otras variables, para medir el progreso de las naciones en sustitución del PIB o de la renta per cápita que utilizan los economistas; 3) el movimiento ecologista pasó a no tener ningún rubor al momento de proponer el cese del crecimiento económico para preservar otras cosas importantes (el caribú canadiense, el buitre leonado y la temperatura global del planeta). Sin embargo, otros investigadores como Xavier Sala-i-Marin (catedrático de la Universidad de Columbia) insisten en que las conclusiones de Easterlin siempre fueron mal interpretadas y que no probó que no había relación entre renta y felicidad a partir de $15 000 dólares estadounidenses anuales, sino que nunca pudo demostrar que existía. Entre otras cosas, el problema es que su estudio no incluía a casi ningún país pobre. Nuevos datos han sido analizados por Justin Wolfers y Betsey Stevenson de la Universidad de Pennsylvania y su estudio arroja resultados interesantes:

- La gente de los países ricos dice ser más feliz que la de los países pobres. La correlación, de un 80 %, es muy importante. Parece que la visión idílica de la pobreza que hacemos desde nuestra prosperidad es un espejismo que los pobres no comparten.

- A las personas que cobran cerca de $10 000 euros anuales también les produce felicidad un aumento de salario. De hecho, la relación entre felicidad y prosperidad no solo no se detiene sino que se acentúa a partir de los $15 000 dólares.

- En todos los países, la gente rica es más feliz que la pobre.

- La felicidad en casi todos los países aumenta con el paso del tiempo. Hay excepciones, como en Bélgica, donde la felicidad ha decrecido (eso de tener tanto gobierno europeo parece que no les gusta a los belgas) y Japón, donde la felicidad se estancó en 1990 a raíz de la profunda crisis económica que aún no superan.

El estudio resaltó algunos aspectos curiosos. Por ejemplo, la felicidad de las mujeres ha decaído desde 1970. Parece que el importante progreso social de la mujer en ámbitos como la educación, el trabajo, el control de la reproducción o la creciente participación masculina en las tareas del hogar y la educación de los hijos, no ha derivado en una mayor felicidad. Es más, la creciente insatisfacción femenina se da tanto en trabajadoras como en amas de casa, tanto en las casadas como en solteras y separadas, en las de altos niveles de educación como de bajos y tanto en jóvenes como en mayores.

Otro resultado destacable es que la gente que vive bajo regímenes políticos de izquierda es más infeliz que aquellos cuyo régimen es de derecha, aunque la explicación parece no tener nada que ver con la política. Los de derecha son más religiosos, por lo que una mayor proporción tiende a estar casada, y resulta que, así como sucede con los ingresos, la gente religiosa y casada tiende a ser más feliz.

Finalmente, los ingresos no están correlacionados con el amor. Parece que el dinero compra casi todo lo que genera felicidad, desde comida hasta educación, pasando por la salud, libertad, cultura, viajes, sexo o matrimonio, pero no puede comprar el amor. Xavier concluye que, dados los resultados del estudio, el amor solo debe representar una pequeña parte del bienestar, de lo contrario no existiría esa relación tan estrecha entre dinero y felicidad.

En su libro *The Joyless Economy*, el respetado economista Tibor Scitovsky (1977), concluye que muchos de los placeres de esta vida ni se compran ni se venden. Entre ellos, afirma, están la satisfacción con el trabajo, la amistad, los placeres de la meditación personal, la lectura y otras formas de esparcimiento no comercial.

La forma en la que nos relacionamos con el dinero determina nuestros valores y el lugar que le damos en nuestra vida; la importancia que tiene para nosotros expresa nuestra forma de ver el mundo. Algunos psicólogos señalan que soñar con excrementos significa dinero, tal vez porque se le identifica con algo sucio; y las personas estreñidas suelen ser avaras porque les resulta muy difícil desprenderse de algo. El dinero significa poder. El poderoso necesita dinero para sentirse superior; en cambio un delincuente solo necesita un arma y, curiosamente, cuando roba mucho dinero lo malgasta. Sin embargo, las encuestas dicen que para la mayoría, a la hora de buscar trabajo, el dinero no ocupa el primer lugar en importancia, porque prioriza más el tipo de tarea que va a desarrollar.

Para el adicto al juego parece que tampoco el dinero es lo más importante, porque lo principal para él es el desafío y el riesgo. Si el dinero fuera la felicidad, los ricos serían felices; sin embargo, muchas veces su dinero se convierte en su peor enemigo, pues divide a su familia, crea resentimientos y envidias, además de convertirse con más frecuencia en blanco de secuestradores y ladrones. Asimismo, pueden llegar a ser esclavos de su fortuna, que a menudo los suele conducir a la decadencia moral.

Quienes comparten las reflexiones e interpretaciones anteriores concluyen que no tener dinero es malo, tener dinero es mejor, pero tener mucho dinero es peor.

La prestigiada escuela de negocios de Harvard, en EUA, realizó una investigación en la que concluyó que, efectivamente, el dinero puede comprar la felicidad. Sin embargo, la variable clave no es la cantidad de dígitos en su cuenta bancaria, sino la manera en que usted gasta su dinero. En tres experimentos separados, los investigadores llegaron a los mismos resultados: los más felices no eran los más ricos, sino aquellos que gastaban una mayor proporción de su riqueza en el bienestar de otros.

Para ser feliz, no es necesario donar millones a instituciones de caridad ni ser un reconocido filántropo que figure en las portadas de las revistas. Una donación de apenas cinco dólares es suficiente. La felicidad propia, al menos de acuerdo con estos experimentos, se vincula a una actitud que tiende a favorecer el bienestar del prójimo.

LA INVERSIÓN ES SOLO PARA ESPECIALISTAS

Una mentira es como una bola de nieve;
cuanto más rueda, más grande se vuelve.

Martín Lutero

POCOS MEXICANOS INVIERTEN EN BOLSA

Para evidenciar la pobre cultura financiera en México, especialmente en lo relacionado con saber invertir, la gráfica siguiente muestra la proporción por cada 1000 habitantes de la población económicamente activa (PEA) en distintos países que invierte en el mercado accionario.

Mientras que en EUA, por cada 1000 habitantes, seiscientos invierten en Bolsa (60 %), en México participan únicamente cuatro de cada 1000 (0.4 %). En otros países como Inglaterra, Alemania y Francia, las proporciones son del 30 % (trescientos habitantes), 20 % (doscientos habitantes) y 15 % (ciento cincuenta habitantes), respectivamente.

En México, hasta hace poco tiempo existían ochenta millones de cuentas bancarias y menos de doscientos cincuenta mil contratos en casas de Bolsa. De hecho, ¡existen más cuentas en criptomonedas que en casas de Bolsa!

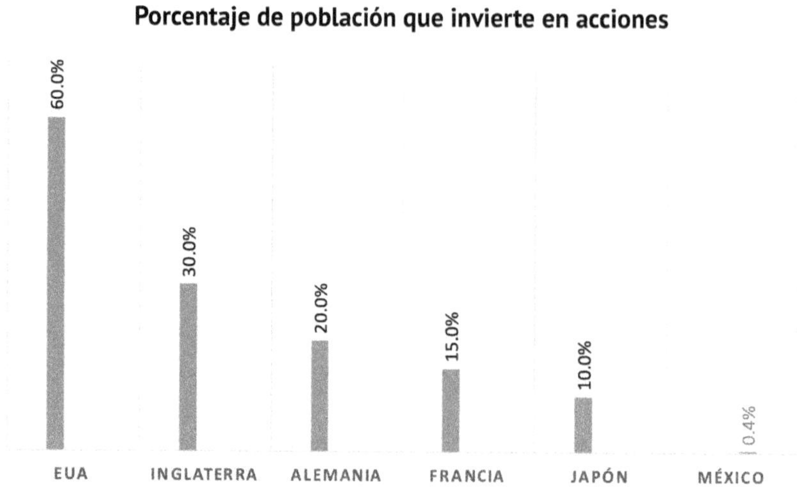

Fuente: Bolsa Mexicana de Valores (BMV).

Aunque parecería que no existe una relación directa, otra estadística muy lamentable en el tema de la educación es que de cada cien estudiantes que inician su trayectoria escolar en México, el 52 % no termina la primaria (por distintas razones). ¡Y únicamente el 2 % obtiene un título profesional! Las consecuencias son muchas y todas lamentables.

¿Cuánto cree usted que es el ingreso familiar (papá, mamá e hijos que trabajan) promedio al mes del 10 % de las familias que más ingresos perciben en México, sin considerar a las familias millonarias? ¿Trescientos mil pesos?, ¿doscientos mil? Recuerde que estamos hablando de un grupo muy reducido, el 10 % de toda la población que percibe mayores ingresos por familia.

En la Encuesta Nacional de Ingresos y Gastos de los Hogares (ENIGH) que publicó el INEGI en 2018, se indicó que el ingreso familiar mensual del decil más alto en nuestro país es de $56 285, y el promedio nacional, de $15 500.

Ingreso mensual promedio por decil

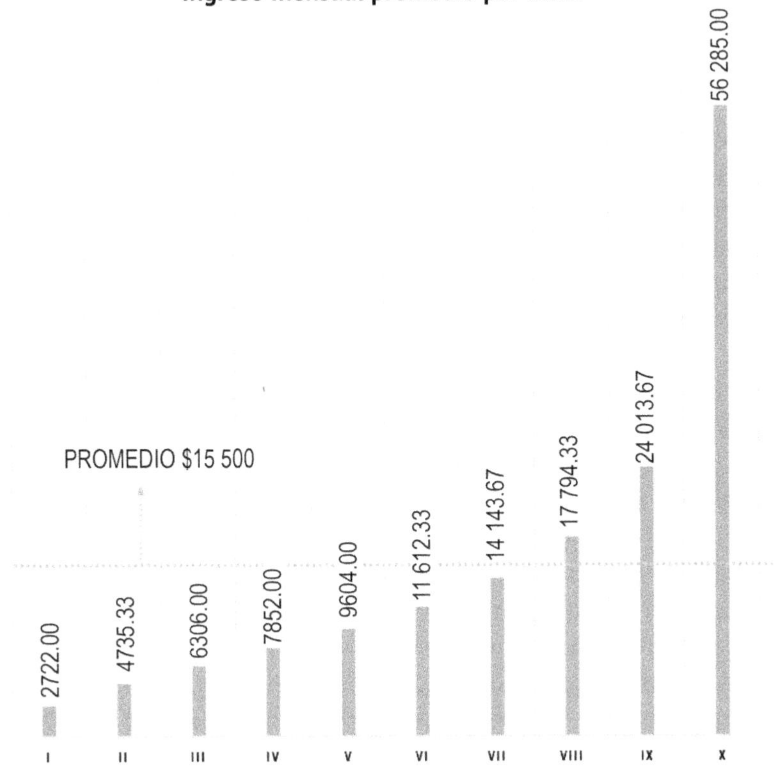

Fuente: INEGI 2018.

¡TARDARÍAN 94 AÑOS!

Para dimensionar el tamaño de este problema, pensemos en el caso hipotético (poco probable) de una familia que puede ahorrar el 20 % de su ingreso ($3100) al mes; al año, acumularía $37 200, sin tomar en cuenta ningún beneficio por tasa de interés. Esta familia tardaría 94 años para comprar un departamento «estándar» en la Ciudad de México, no mayor a 100 m^2, con un valor de $3 500 000. ¡Asumiendo además que en 94 años el precio de los departamentos no aumentara!

Estas cifras, dejan ver una condición económica muy complicada para la gran mayoría de los mexicanos. Si usted se sorprendió con la información que acaba de conocer, ¡lo felicito!, pues probablemente usted forme parte de un grupo muy reducido de mexicanos que goza de una mejor condición económica.

México no son los grandes centros comerciales, los lujosos restaurantes, las agradables zonas residenciales o las espléndidas avenidas que muchos conocemos. Nuestra realidad es sumamente complicada y para ello solo hay que darse una vuelta por algunas colonias sumamente pobres (la gran mayoría) en los diferentes estados del país para testificar el reto económico que tenemos.

Saber invertir posiblemente no cambiará de manera radical ni en un período corto esta condición, pero sí podría ayudar de manera significativa la condición de muchos a mayor plazo, gracias a su efecto multiplicador.

Un objetivo universal en el ámbito del ahorro y la inversión es poder tener un retiro a una edad temprana. Una persona que busca dejar de trabajar con ingresos cercanos a $100 000 al mes, requiere tener en el banco cerca de 20 millones de pesos (mdp), tomando en cuenta una tasa de interés neta actual del 7 %. Por otra parte, un ingreso mensual de $100 000 para una pareja de adultos mayores podría ser muy «justa» para sus necesidades, si consideramos que un seguro médico para ellos puede costar hasta $300 000 al año.

Esta es la realidad y el reto económico financiero que, en lo individual y colectivo, es indispensable atender.

Saber invertir no es complicado y no es para especialistas. Esto se ha entendido en muchos países desde hace años y ha propiciado mayor bienestar individual y, en consecuencia, colectivo.

¡Saber invertir es una necesidad universal!

SOBRE LA ESPERANZA DE VIDA

Envejecer es todavía el único medio que se ha encontrado para vivir mucho tiempo.

Charles Aunobert Green Ingersoll

¿CÓMO QUEREMOS VIVIR CON MÁS AÑOS DE VIDA?

Relacionado con el apartado anterior, según cifras del INEGI la esperanza de vida de los mexicanos se duplicó en las últimas ocho décadas. En el año 1930 era de 34 años; para 2010, el promedio era de 80 años. Actualmente es de 83. Para 2030 se pronostica que viviremos cerca de 90 años.

Esperanza de vida histórica

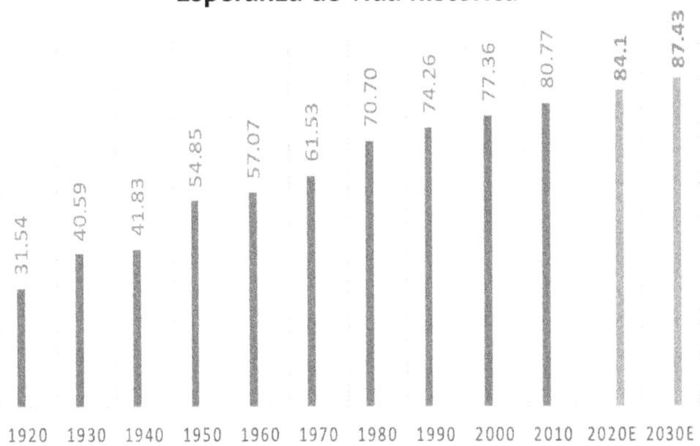

Fuente: INEGI (2018).

Sin duda, es bueno saber que cada vez podemos vivir más años, pero después de la información de los capítulos anteriores, la pregunta es ¿cómo queremos vivir?

Un estudio de 2019 de la Asociación de Aseguradoras de EUA a nivel global concluyó que por cada cien personas que comienzan a trabajar a los 21 años, el 1 % (una persona) será millonario a la edad de 65 años. El 4 % (cuatro personas) tendrá independencia financiera, ello significa que podría no trabajar para mantener su mismo nivel de vida. Un 15 % (quince personas) tendrá «algún dinero» y el 80 % restante (ochenta personas), tendrá que trabajar por necesidad a los 65 años, estarán quebrados financieramente, dependerán económicamente de alguien o simplemente estarán muertos.

Pronóstico patrimonial por cada cien personas que comienzan a trabajar a los 21 años

CADA 100 PERSONAS QUE COMIENZAN A TRABAJAR A LOS 21 AÑOS	PRONÓSTICO PATRIMONIAL A LOS 65 AÑOS
1 %	• Rico
4 %	• Independencia financiera
15 %	• Algún dinero
80 %	• Trabajan por necesidad • Quebrados financieramente • Dependencia económica • Muertos

Fuente: Asociación de Aseguradoras EUA/INEGI.

¿Qué le parece? Complicado, ¿verdad? Todos vamos para allá, todos envejecemos y no se trata de cantidad de años, sino de calidad de años de vida.

En un capítulo posterior («¿Cuándo me retiro?») demostraré lo que sucede cuando las personas toman mejores decisiones de inversión.

TASA BANCARIA... EL RIESGO DE LO SEGURO

La duda es incómoda, la certeza es ridícula.

Voltaire

LA INFLACIÓN FAMILIAR ES MAYOR QUE LA TASA BANCARIA

«El banco es lo más seguro para tener tu dinero». Este es sin duda otro de los mitos más peligrosos. Desde que recuerdo, siempre he escuchado a las personas asegurar que no quieren asumir ningún riesgo con su dinero y por ello prefieren invertir en el banco. Un instrumento bancario no es para invertir, es para ahorrar.

Si bien las tasas de interés nominales en los últimos años (octubre 2019) en niveles de 7.75 % (cete 28d), habían sido de las más altas en 10 años, la realidad es que en México hemos visto, en otras épocas, tasas de interés de más del 130 %, acompañadas por inflaciones similares y devaluaciones superiores al 100 %.

La pandemia en 2020 obligó a disminuir las tasas de interés como una medida de estímulo (los que deben dinero al banco pagan menos intereses). Pero considere a una persona que, al percibir una tasa bancaria del 4.5 % (al mes de septiembre de 2020), decide seguir canalizando una parte importante de su dinero. Para comenzar, de las políticas de la institución que seleccione (en términos de montos mínimos de inversión) depende el rendimiento final que le ofrecerán. Lo más probable es que la tasa nominal que reciba sea cercana al 4 %. A esta tasa nominal se debe restar un impuesto de 145 puntos base (pb) al año (en aumento). Esto significa que su tasa anual final será en realidad cercana o menor al 3 %. Ahora considere su verdadero nivel de inflación. No me refiero a la inflación que publica el gobierno en niveles entre el 3 % y el 3.5 %, aproximadamente; me refiero a la variación real en que cada año aumentan sus principales gastos (inflación personal o familiar). Conozco a pocas personas para quienes el pago de predial, agua, escuela, víveres, medicinas, vacaciones, etc. aumenta solo un 3.5 % al año.

Una investigación que realizamos en SNX, y que considero una muestra representativa de las familias de clase media en la Ciudad de México en 2018, identificó un nivel de inflación familiar del 12.3 %. El nivel de inflación descrito elimina anualmente el poder adquisitivo que ofrece una tasa de ahorro tradicional.

¡Esto no es nuevo!, sucede desde hace muchos años, pero las personas no lo identifican. Ningún ahorrador bancario ha podido crear en realidad patrimonios importantes. Para este objetivo usted tiene que invertir.

Ejemplo de cálculo de inflación real personal/familiar

CONCEPTO	GTO. ANUAL	%	VAR% ANUAL	VAR. POND.
Vivienda	168,000	37.6%	8.0%	3.0%
Escuela	96,000	21.5%	15.0%	3.2%
Super (Comida)	54,000	12.1%	18.0%	2.2%
Entretenimiento	36,000	8.1%	20.0%	1.6%
Salud	20,000	4.5%	7.0%	0.3%
Gasolina	18,000	4.0%	20.0%	0.8%
Ropa	15,000	3.4%	10.0%	0.3%
Gasolina	12,000	2.7%	5.0%	0.1%
Teléfono	11,000	2.5%	5.0%	0.1%
Luz	9,000	2.0%	20.0%	0.4%
Automóvil	6,000	1.3%	10.0%	0.1%
Seguros	2,000	0.4%	10.0%	0.0%
TOTAL	447,000	100.0%		12.3%
MENSUAL	37,250.00			

¡ATENCIÓN!

Por otra parte, se pronostica que la tasa de interés de referencia o bancaria (cete) continúe bajando los próximos meses.

La tabla anexa indica la tasa real, luego de descontar a la tasa nominal el impuesto y los niveles de inflación, tanto el oficial como el familiar o personal.

Tasa real

INDICADOR	TASAS DE INTERÉS MÉXICO					
NIVEL TASA DE INTERÉS	6.00%	5.50%	5.00%	4.50%	4.00%	3.50%
IMPUESTO ANUAL	1.45%	1.45%	1.45%	1.45%	1.45%	1.45%
TASA NETA	4.55%	4.05%	3.55%	3.05%	2.55%	2.05%
INFLACIÓN OFICIAL	3.50%	3.50%	3.50%	3.50%	3.50%	3.50%
INFLACIÓN FAMILIAR	10.00%	10.00%	10.00%	10.00%	10.00%	10.00%
TASA REAL OFICIAL	**1.05%**	**0.55%**	**0.05%**	**-0.45%**	**-0.95%**	**-1.45%**
TASA REAL FAMILIAR	**-5.45%**	**-5.95%**	**-6.45%**	**-6.95%**	**-7.45%**	**-7.95%**

LOS BIENES RAÍCES NO LO SON TODO

> Trabaja uno toda la vida para comprar una casa, y cuando, por fin, la casa ya es de uno... no hay quien viva en ella.
>
> **Benjamín Franklin**

DE ABUELOS Y PADRES

La generación de mis abuelos y padres insistía en que invertir en bienes raíces era lo más inteligente. «Los ladrillos duran siempre», es una de las expresiones que ejemplifican este mito.

Yo soy especialista en acciones, pero en todos los portafolios de inversionistas exitosos que han logrado patrimonios destacados, la proporción en bienes raíces está muy lejos de ser la más importante. Tampoco tengo nada en contra de los bienes raíces, aunque cuando invertí en ellos descubrí que su realización (venta) puede tardar tiempo, que disminuye su rentabilidad y que los gastos asociados mientras se venden (predial, luz, mantenimiento, etc.) impactan (restan) también el rendimiento. De cualquier manera, no es todo o nada, estar diversificado siempre es bueno. A continuación, comparto información valiosa de expertos sobre los bienes raíces.

Cuando se considera invertir en bienes raíces, se espera que el valor del inmueble aumente para luego venderlo o rentarlo; o se repara y remodela también con el objetivo de venderlo o rentarlo; o se planea construir algo, en el caso de un terreno.

Muchos consideran la inversión en bienes raíces como una de las mejores alternativas, por ser un activo que difícilmente se deprecia, que aumenta de valor y cuya renta supera casi siempre una tasa bancaria; es decir, una inversión de bajo riesgo, segura y rentable. Por otra parte, aparentemente demanda pocos conocimientos técnicos y una administración relativamente sencilla, si se compara con los que se requieren para la inversión bursátil. No obstante, no es una inversión sencilla; además de que necesita mayor capital (en la Bolsa se puede participar con sociedades de inversión a partir de $10 000), también son necesarias ciertas habilidades para escoger bien el inmueble, para saber cómo financiarse y asegurarse de que este aumentará su valor en el tiempo o que se podrá rentar durante todo el año. Muchos inversionistas han sufrido grandes pérdidas por haber comprado un inmueble mal ubicado, por no encontrar posteriormente a quien rentarlo o por tener que hacer reparaciones o remodelaciones que al final eran más caras de lo esperado.

La estadística y experiencia de participantes en ambas alternativas indica que una inversión acertada en bienes raíces tiene su mayor plusvalía en los primeros 2 a 3 años (aproximadamente el 30 %), mientras que la inversión bursátil contribuye a la creación de patrimonios a plazos mayores de 3 años. La gráfica anexa ilustra el comportamiento teórico entre ambas alternativas en el tiempo.

Comportamiento teórico de inversión inmobiliaria versus Bolsa

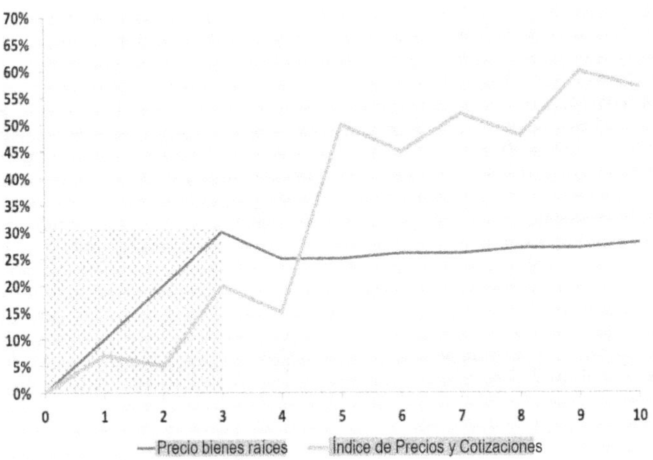

Mi conclusión es que no son alternativas que compiten, sino que complementan portafolios diversificados de inversión. Por otra parte, los rendimientos observados en índices son referencias; tanto en acciones como en inmuebles puede haber rendimientos mayores o inferiores.

LOS EXPERTOS RECOMIENDAN

Se debe determinar la cantidad de dinero destinada a dicha inversión, considerar que será de largo plazo (de 2 a 5 años) y que no es líquida. A partir de un millón y medio de pesos es una cantidad aceptable para invertir en un inmueble, con menos de eso se reducen las «buenas opciones». Por otra parte, para generar plusvalía (diferencia al realizar la compra contra la venta) se debe dejar madurar la inversión de 3 a 5 años. La plusvalía de un inmueble depende de que exista un gran proyecto inmobiliario, que la zona tenga importantes vialidades o que se convierta en un sector de moda, características que un asesor inmobiliario es capaz de vislumbrar.

RIESGOS Y BENEFICIOS

Algunos de los riesgos de invertir en bienes raíces pueden ser la necesidad de liquidez inmediata, que se pretenda vender por arriba del valor de mercado y considerar que el tiempo en que se va a realizar la venta puede variar entre seis y doce meses. En tanto que, si se hace una correcta elección, la ventaja es la obtención de utilidades de hasta un 30 % en un período promedio de 3 años, pero depende del tipo de propiedad, del lugar en donde se encuentre, del tiempo en que se asiente en la propiedad y de que no hayan existido circunstancias adversas durante el tiempo en que se haya tenido.

FACTORES QUE DEBEN CONSIDERARSE

A nivel general, al invertir en bienes raíces se debe tener en cuenta que la propiedad esté inscrita en el Registro Público de la Propiedad, que se conozca su situación fiscal, que pueda escriturarse, que sea legalmente tramitable (que tenga escrituras), que no esté intestada, que se identifiquen vicios ocultos de la propiedad y que se conozca la zona. Por otra parte, se debe considerar que aproximadamente el 8 % del valor de la propiedad va a corresponder a los gastos notariales y de impuestos. Por ello hay que acercarse a un especialista inmobiliario con larga trayectoria, debido a que, desafortunadamente, cualquier persona puede comprar o vender un bien raíz, pero sin ninguna experiencia o conocimiento. Un intermediario bursátil o de seguros necesita licencia para practicar, un asesor inmobiliario no, por lo que se pone en riesgo el patrimonio.

PREVENTA

Adquirir un bien en preventa es una opción atractiva para invertir, debido a los altos niveles de plusvalía. Si se adquiere un proyecto que está en maqueta o en plano cuyo valor en ese momento es de un millón de pesos, pero se sabe que al concluir el proyecto (en un año o año y medio) su valor aumentará a dos mdp, por ejemplo. Sin embargo, hay que considerar al desarrollador, investigar en Profeco, visitar sus oficinas y pedir recomendaciones; con estas medidas se reduce el riesgo, aunque nunca se elimina.

Otra opción para invertir en bienes raíces es comprar para remodelar y vender, lo que puede generar utilidades de hasta el 30 %.

OTRAS VARIABLES

Los incrementos o decrementos en el valor de un bien raíz están en función de varias variables, entre las cuales se encuentran la oferta y demanda; cambios en el uso de suelo; crédito disponible; percepción de la zona; nivel de la población; infraestructura; vocación del lugar donde se encuentra el bien raíz (por ejemplo, si está en la playa y tiene vocación turística); transformación de la zona causada por el paso del tiempo; seguridad pública del área; situación económica en general (inflación, crecimiento, etc.); condiciones del edificio; o situación jurídica de la propiedad (por ejemplo, en caso de que haya sido invadida).

Es importante mencionar que los bienes raíces pueden subir o bajar de precio. Mucha gente cree en el mito de que los bienes raíces siempre subirán de precio, muchos lo hacen, pero otros bajan; el ejemplo más claro es el precio de las casas en EUA hace algunos años (crisis de 2008), y podría haber otros más puntuales donde algunas personas han vendido sus propiedades con pérdida debido al incremento de la inseguridad en la zona donde viven. Adicionalmente, en México muchos desarrolladores o vendedores de bienes raíces indizan el precio de la propiedad al dólar estadounidense, lo que puede hacer que su precio fluctúe conforme a esta divisa.

LA CASA Y EL AUTO, ¡NO!

El casado casa quiere.

Dicho popular

GENERAN GASTOS

En varias reuniones que mantengo con potenciales inversionistas, al momento de analizar sus portafolios acostumbran incorporar su casa y autos. Si bien el término patrimonio se refiere al conjunto de bienes propios de una persona o institución, susceptibles de una estimación económica, para efectos de un portafolio de inversión, los activos que generan gastos y no producen un rendimiento no se consideran. Una casa propia, así como los autos, requieren varios gastos además de que se deprecian en el tiempo.

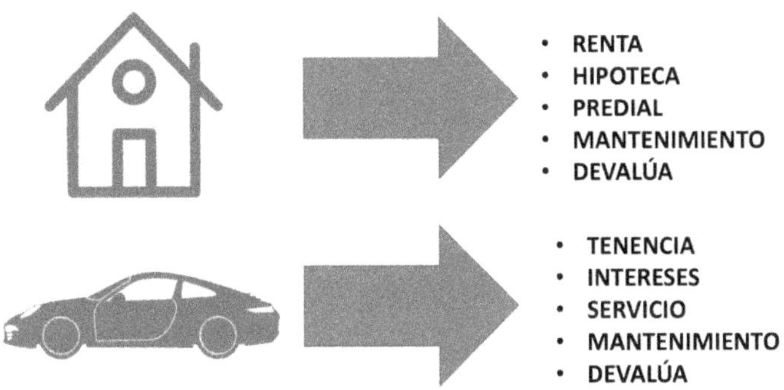

La siguiente gráfica ilustra el tipo de activos que conforman un portafolio tradicional. No necesariamente están todos y su distribución (porcentaje sobre total) depende del perfil del inversionista. Como ya hemos señalado, la comunidad, los mayores creadores de patrimonio, asigna en promedio un 50 % a ser dueños de empresas (acciones).

Activos tradicionales en un portafolio

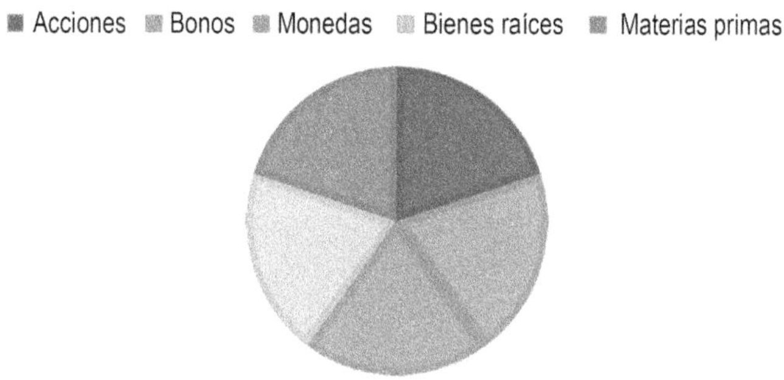

EL RIESGO Y EL RENDIMIENTO NO SON IGUALES PARA TODOS

Invertir en conocimiento produce siempre los mejores intereses.

Benjamín Franklin

PORTAFOLIOS DISTINTOS = RESULTADOS DISTINTOS

Cuando usted escucha que la Bolsa subió o cayó, en realidad dicha variación se refiere al comportamiento del Índice de Precios y Cotizaciones (IPyC), un indicador confirmado por 36 empresas de un total de casi ciento cuarenta compañías que cotizan en la Bolsa Mexicana de Valores (BMV) en México.

Los índices bursátiles existen en todo el mundo, el número de empresas que lo conforman puede variar. En EUA, por ejemplo, el Índice Dow Jones (el más antiguo) tiene treinta empresas, el Standard & Poor's está conformado por quinientas, mientras que el índice Russell tiene más de 2000 empresas.

Los índices buscan ser representativos del comportamiento en general de los precios de las empresas que lo conforman. El «peso» de cada emisora depende en gran parte de la cantidad de acciones que las empresas tienen «en circulación» en el mercado entre inversionistas y la cantidad de operaciones (compra-venta) diarias que se realizan de las mismas.

Ello implica que las corporaciones más grandes por lo general son las de mayor peso.

Es frecuente que al escuchar «invierto en Bolsa» (el término correcto debería ser «soy empresario en Bolsa»), la gente asume que la relación riesgo-rendimiento de esta persona es la misma a la de todos los demás que también «invierten en Bolsa».

Esto no es así. La relación riesgo-rendimiento de cada participante en el mercado accionario está dada por la construcción del portafolio en el que participa. Una proporción menor en el mercado accionario, un portafolio más diversificado o uno con empresas cuyos fundamentales resultan más sólidos, será siempre mucho menos riesgoso.

De la misma manera, un portafolio con mayor ponderación en empresas, cuyas mejores expectativas se reflejen en precios objetivos con mayor probabilidad de alza, le brinda al inversionista mayor potencial de rendimiento.

Hasta 2018, durante los últimos 6 años el rendimiento promedio anual del Índice de Precios y Cotizaciones (IPyC) fue muy pobre: (baja de -0.49 %). En realidad, siguió siéndolo en 2019 y 2020.

No obstante, el resultado se explica en gran parte por aspectos estructurales. Siete emisoras (AMX, Femsa, Banorte, Walmex, Gmexico, Cemex y Televisa) representaron más del 60 % del comportamiento del IPyC.

Pero si analizamos en el mismo plazo el rendimiento promedio anual de las treinta y cincuenta mejores acciones por año, el resultado promedio de estas muestras es 42.38 % y 29.30 %, respectivamente.

La diferencia hace evidente la importancia de una correcta selección de emisoras en el proceso de toma de decisiones.

¡No todos los participantes en Bolsa tienen los mismos resultados! Depende del grupo de empresas de las que se es dueño y la proporción de su portafolio en cada una.

Comparativo IP y C versus 30+ y 50+ (2013-18)

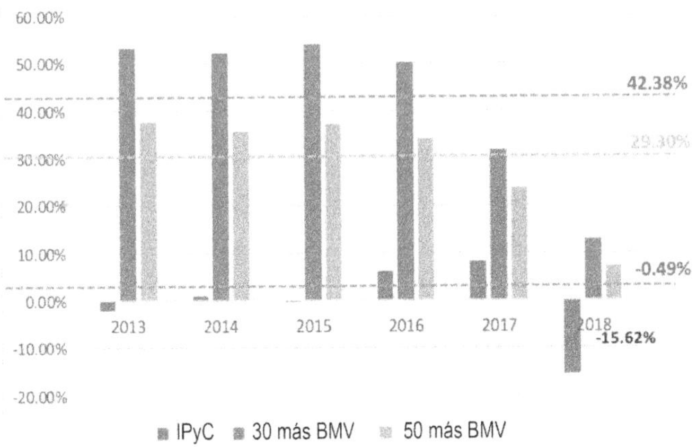

Treinta acciones con mejor desempeño anual 2013-2018

		2018			2017			2016
TMM	A	45.80%	**ELEKTRA**	*	165.99%	**SIMEC**	B	158.39%
ACCELSA	B	38.83%	**GFAMSA**	A	66.67%	**ICH**	B	138.01%
GFMULTI	O	35.94%	**MONEX**	B	59.00%	**PE&OLES**	*	117.84%
ELEKTRA	*	35.87%	**BEVIDES**	B	46.55%	**MFRISCO**	A-1	90.49%
RASSINI	CPO	19.97%	**HCITY**	*	41.81%	**AUTLAN**	B	90.27%
KUO	B	14.63%	**GCC**	*	33.73%	**CEMEX**	CPO	75.40%
VALUEGF	O	13.54%	**SITES**	B-1	33.04%	**CABLE**	CPO	60.00%
Q	*	13.34%	**AMX**	L	30.08%	**FRES**	*	56.01%
SPORT	S	13.15%	**WALMEX**	*	30.07%	**LAB**	B	55.38%
FRAGUA	B	12.50%	**UNIFIN**	A	29.63%	**PAPPEL**	*	54.63%
RCENTRO	A	11.45%	**LACOMER**	UBC	29.56%	**TMM**	A	53.57%
VINTE	*	10.73%	**CYDSASA**	A	26.05%	**GMEXICO**	B	53.38%
CULTIBA	B	10.26%	**AC**	*	25.78%	**GCC**	*	52.64%
MEGA	CPO	10.16%	**Q**	*	24.45%	**CIE**	B	39.83%
VESTA	*	10.14%	**CMOCTEZ**	*	24.35%	**C**	*	36.83%
GCC	*	9.81%	**BOLSA**	A	24.04%	**Q**	*	35.04%
CHDRAUI	B	9.20%	**HERDEZ**	*	21.30%	**AZTECA**	CPO	34.85%
GCARSO	A1	8.44%	**KUO**	B	20.86%	**CMR**	B	32.57%
ALFA	A	8.14%	**VALUEGF**	O	19.93%	**TS**	*	31.10%
INVEX	A	7.69%	**ASUR**	B	19.89%	**R**	A	30.71%
CYDSASA	A	6.67%	**C**	*	19.28%	**CERAMIC**	B	29.56%
BBAJIO	O	6.58%	**IDEAL**	B-1	18.71%	**IENOVA**	*	24.87%
POSADAS	A	5.26%	**GAP**	B	18.54%	**ASUR**	B	22.46%
BAFAR	B	5.19%	**INVEX**	A	18.18%	**MEXCHEM**	*	22.34%
RLH	A	4.23%	**ARA**	*	18.18%	**BACHOCO**	B	20.83%
WALMEX	*	3.69%	**FEMSA**	UBD	17.30%	**VITRO**	A	20.09%
MINSA	B	3.03%	**GFMULTI**	O	17.26%	**BOLSA**	A	19.38%
NEMAK	A	2.88%	**AUTLAN**	B	16.88%	**GCARSO**	A1	17.82%
CADU	A	2.81%	**FRES**	*	16.67%	**PASA**	B	16.92%
MEXCHEM	*	2.69%	**COLLADO**	*	15.69%	**KUO**	B	16.71%

		2015			2014			2013
GMD	*	162.01%	RASSINI	CPO	430.21%	GRUMA	B	152.18%
AXTEL	CPO	157.40%	TMM	A	120.89%	PAPPEL	*	118.81%
VITRO	A	149.94%	GRUMA	B	59.26%	VITRO	A	100.48%
VOLAR	A	123.19%	MEDICA	B	58.78%	BAFAR	B	84.77%
AEROMEX	*	92.22%	CREAL	*	57.11%	PINFRA	*	81.00%
UNIFIN	A	73.43%	OMA	B	55.04%	VALUEGF	O	73.43%
GAP	B	63.99%	AUTLAN	B	54.69%	CIDMEGA	*	65.00%
POSADAS	A	62.75%	CYDSASA	A	49.55%	AXTEL	CPO	60.82%
CIDMEGA	*	58.33%	DANHOS		44.74%	GBM	O	59.76%
GRUMA	B	53.67%	GBM	O	44.08%	ALSEA	*	58.22%
ALSEA	*	46.80%	IENOVA	*	41.46%	Q	*	55.23%
LIVEPOL	C-1	42.11%	BACHOCO	B	40.26%	MEDICA	B	52.20%
LALA	B	40.94%	TEAK	CPO	39.13%	DINE	B	47.53%
CREAL	*	37.74%	GISSA	A	39.09%	GFMULTI	O	47.46%
VASCONI	*	37.36%	SPORT	S	37.31%	GFAMSA	A	46.65%
WALMEX	*	37.11%	IDEAL	B-1	36.69%	BACHOCO	B	46.56%
DINE	B	36.99%	GAP	B	32.84%	LAMOSA	*	43.68%
LAMOSA	*	35.86%	TERRA		31.42%	MINSA	B	42.00%
RASSINI	CPO	35.06%	HOMEX	*	31.25%	LAB	B	37.72%
CONVER	A	33.68%	MEGA	CPO	30.30%	MEGA	CPO	37.14%
CULTIBA	B	28.78%	VESTA	*	28.76%	GIGANTE	*	34.65%
ALPEK	A	28.13%	TLEVISA	CPO	27.81%	C	*	34.09%
HERDEZ	*	26.33%	ARA	*	27.01%	ALFA	A	33.75%
KIMBER	A	25.80%	ELEKTRA	*	26.65%	GENTERA	*	32.93%
ASUR	B	25.05%	GIGANTE	*	26.10%	R	A	31.75%
FEMSA	UBD	23.49%	GENTERA	*	21.42%	IDEAL	B-1	26.23%
OMA	B	23.26%	CIDMEGA	*	21.21%	CMOCTEZ	*	25.40%
CMOCTEZ	*	20.22%	ASUR	B	19.48%	OMA	B	24.93%
R	A	19.01%	BEVIDES	B	18.94%	ARA	*	23.73%
TEAK	CPO	18.69%	FSHOP		18.30%	CEMEX	CPO	20.79%

Fuente: Bolsa Mexicana de Valores (BMV).

CONOCIMIENTO: LA MEDICINA PARA EL MIEDO

El conocimiento es poder.

Francis Bacon

NECESIDAD DE ENTENDER EL MERCADO ACCIONARIO

Cada vez que me preguntan por qué es tan baja la inversión bursátil en México, la respuesta es: ¡falta de conocimiento e información! La idea de que la inversión en Bolsa es muy complicada, que se requiere mucho dinero para participar o que su resultado se asocia principalmente a temas de suerte es completamente errónea.

Por otra parte, nuestra naturaleza y los medios informativos ayudan poco a entender y a difundir la realidad del mercado accionario.

Nuestro cerebro no está programado para ser feliz; está programado para sobrevivir. Desde la prehistoria, el cerebro humano nos mantiene atentos, alertas y reactivos a cualquier peligro y amenaza, ¡esa es su función! Como ejemplo, observe el tráfico que puede ocasionar un accidente automovilístico en cualquier carretera o avenida. Y no es necesariamente por la obstrucción del accidente en sí (muchas veces los vehículos accidentados ya han sido removidos hacia algún extremo de la vía), sino por todos los conductores que nos detenemos a observar el accidente. ¡Esto no lo podemos evitar!, estamos programados para atender el peligro. Un hermoso amanecer nunca provoca tráfico, nadie se detiene a verlo, de la misma manera que pocos atienden o difunden los buenos resultados en la inversión bursátil.

La siguiente gráfica ilustra los ciclos de la Bolsa en EUA (Índice S&P 500) en los últimos 94 años (desde 1926). Utilicé a propósito un período tan amplio para que no hubiese duda al hacer referencia a un momento especialmente favorable para dicho mercado accionario. En los últimos 94 años, en EUA ha sucedido de todo: crisis económicas como la Gran Depresión de 1929 y la crisis global de 2008, guerras comerciales, atentados terroristas (las Torres Gemelas en Nueva York), asesinatos de presidentes (John F. Kennedy), juicios políticos de presidentes (Nixon y Clinton), pandemias, etcétera.

Observe cómo la cantidad y la duración de los ciclos de alza es mayor a los de baja. La estadística en estos 94 años indica que los ciclos de mercados alcistas en EUA tienen una duración promedio de 9.1 años (los más largos de 13 y 15 años), con plusvalías promedio de casi el 500 % en dólares, mientras que los ciclos de baja han tenido duraciones promedio de apenas 1.4 años con minusvalías poco mayores al 40 %. Todos los inversionistas en Bolsa a mayor plazo han sido ganadores.

La gráfica siguiente detalla la duración y magnitud de cada ciclo de alza y baja en el Índice S&P 500 en EUA desde 1929.

Ciclos bursátiles S&P 500 (EUA) 1929-2018

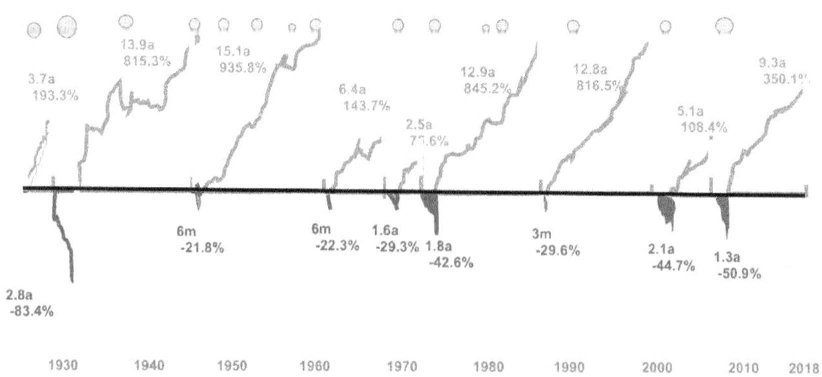

Fuente: S&P 500.

CULTURA BURSÁTIL

Por cierto, los movimientos (ciclos) de alza se conocen como *Bull Market* o «Mercado de toros», puesto que hace referencia a la manera en que los toros embisten con los cuernos de abajo hacia arriba. Los movimientos (ciclos) de baja, se conocen como *Bear Market* o «Mercado de osos», ya que los osos atacan con las garras de arriba hacia abajo.

Si la gráfica anterior, dividida por ciclos de alza y baja en los últimos 94 años, se presentara de manera lineal, su imagen sería la siguiente.

S&P 500 (EUA) 1929-2018

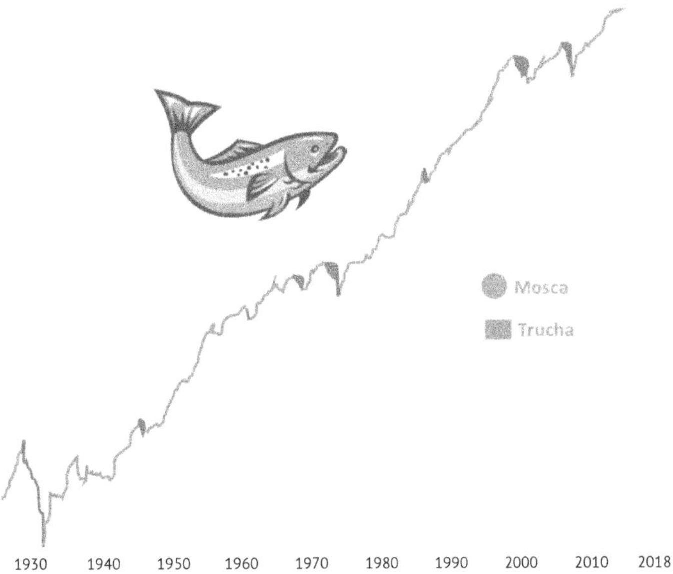

La conclusión más importante con los datos anteriores es que cualquier inversionista que ha entendido la inversión bursátil a mayor plazo, incluso los que participaron en movimientos de baja, logró no solo recuperarse, sino conformar importantes patrimonios. Esta alternativa de inversión ha demostrado ser la más rentable en la historia.

LA MOSCA Y LA TRUCHA

Con frecuencia, las personas temen invertir en la Bolsa por miedo a enfrentar un movimiento de baja. La consecuencia es que dejan de aprovechar oportunidades de mayor plazo porque desconocen que la probabilidad de un ciclo de baja es menor o que su duración es tradicionalmente inferior a la de un ciclo de alza. George Herbert tiene una frase que ilustra muy bien esta situación: «Debes perder una mosca para pescar una trucha». Su mosca podría ser un movimiento de baja menor en comparación con el avance («la trucha») que se presenta a mayor plazo.

EN EL RESTO DEL MUNDO

Como ya comenté, EUA es el país con la mayor cultura de inversión; ello podría suponer que su movimiento bursátil es «mejor» que otros en el mundo. Para eliminar tal percepción, ofrezco un ejercicio con índices bursátiles de 16 países. La tasa de rendimiento anualizada real (sin inflación) promedio en 108 años resultó 5.0x mayor a los bonos privados y 20.0x mayor a las tasas bancarias (5.2 %, 1.1 % y 0.3 %). Ello corrobora la naturaleza ganadora de esta alternativa a nivel internacional a mayor plazo.

Comparativo rendimiento anual 1900-2008

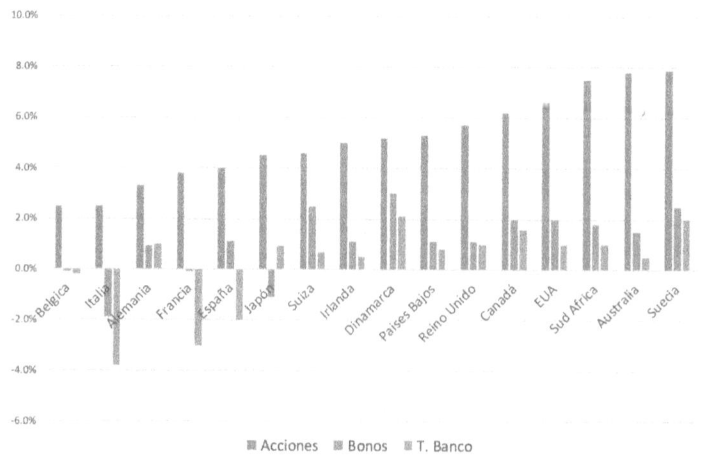

¿POR QUÉ LA BOLSA SUBE SIEMPRE A MAYOR PLAZO?

La historia es un incesante volver a empezar.

Tucídides (*La guerra del Peloponeso*)

EMPRESARIOS EN BOLSA

Nuestra invitación constante es entender la inversión bursátil como lo que es. Dejar de percibirla como un casino o un juego para ganar o perder dinero pronto. Cuando usted invierte en Bolsa, se convierte en accionista, en empresario de un grupo de empresas exitosas con gran perspectiva. Muchas personas en México no invierten por falta de conocimiento. La realidad es que a largo plazo, la tendencia de las Bolsas ha sido y seguirá siendo siempre al alza. No ha existido una mejor alternativa para crear patrimonio. En EUA, en un plazo de 100 años han ocurrido cualquier cantidad de sucesos complicados (crisis económicas, recesiones, actos terroristas, guerras, asesinatos de presidentes) y, sin embargo, el alza es permanente.

DETRÁS DE SU NATURALEZA DE ALZA

El alza permanente tiene una razón que pocas veces nos detenemos a entender y analizar. Su conocimiento es importante, pues genera confianza en la inversión en esta alternativa. Conozcamos cinco razones detrás del movimiento alcista.

1. **Inflación.** La inflación ha estado con nosotros por mucho tiempo y no va a desaparecer; hace que el costo de los automóviles, alimentos, gasolina, casas, atención médica y educación aumente cada año, y continuará haciéndolo en mayor o menor proporción. ¿Quién suministra todo eso? Empresas cuyas acciones se negocian en el mercado de valores. Si está pagando más por esas cosas cada año, entonces las compañías ganan más cuando las venden. Cuando lo hacen, su valor aumenta y usted gana como dueño (accionista).
2. **Población creciente.** En las ciudades hay cada vez más personas. Parte de esto lo explica el hecho de la gente se mude de pequeños pueblos a las grandes metrópolis. Pero también se debe a la mayor esperanza de vida a nivel global. La medicina ha logrado que la tasa de mortalidad disminuya a un ritmo más rápido de lo que baja la tasa de natalidad. Todas esas personas requieren alimentos, gas, atención médica, teléfonos celulares; demandan entretenimiento y compras en línea. Una mayor clientela se traduce en mayores ganancias, y en consecuencia, en aumento de los precios de las acciones.
3. **Mayor productividad.** El avance tecnológico y el conocimiento nos está haciendo cada vez más productivos. Hace años, la actividad principal de muchos países consistía en el cultivo de alimentos, con lo que ganaban menos dinero y consumían lo básico. La tecnología, que se tradujo en productividad y mayor ingreso, generó mayor consumo de todo tipo de productos y servicios que mejoran nuestras vidas y favoreció las ganancias de muchas empresas que cotizan en el mercado accionario.
4. **No es un sistema cerrado.** El mercado de valores no es un sistema cerrado. Cada momento se incorporan nuevos individuos a trabajar en organizaciones que conforman el mercado, lo que crea valor de diferentes maneras como salarios y beneficios. Hay literalmente miles de millones de personas en el mundo cuyo trabajo diario aumenta el valor del mercado de valores. ¿Inventar algo para vender? ¿Construir algo nuevo que se pueda vender en grandes almacenes y luego a los consumidores? Gran parte de ese trabajo fluirá al mercado de valores y aumentará su valor.
5. **Estructura.** Los índices accionarios se revisan permanentemente. Salen las empresas menos atractivas y se quedan e incorporan las

de mejor perspectiva, propiciando así una autorregulación de los índices con las mejores empresas.

Espero que haya resultado claro por qué vale la pena invertir en acciones. Con la incapacidad de poder anticipar con precisión qué compañías van a proporcionar los mejores rendimientos, es que decidimos constituir el Fondo SNX con una filosofía de fuerte conocimiento de las empresas de las que queremos ser dueños por mucho tiempo.

CREADORES DE PATRIMONIO: INVERSIONISTAS Y EMPRESARIOS

Si naciste pobre, no es tu culpa. Pero si mueres pobre, eso sí es tu culpa.

Bill Gates

LOS GRANDES CONSTRUCTORES DE PATRIMONIO EN EL MUNDO

Aunque esta reflexión la he compartido en otros libros (*Además, soy empresario en la Bolsa*), es tan importante que decidí recordarlo también en este. Los grandes creadores de patrimonio no son empleados, no son médicos, abogados o ingenieros. Tampoco son deportistas, artistas, y mucho menos especuladores (*traders*) o ahorradores. Los individuos que mayor patrimonio han logrado crear en la historia a nivel mundial son empresarios o inversionistas.

Para evidenciar el potencial de esta alternativa, lo invito a revisar la lista de individuos que han logrado crear los mayores patrimonios a nivel mundial y que cada año publica la reconocida revista *Forbes*.

La publicación *Forbes* existe en EUA desde principios del siglo XX. Las listas sobre millonarios, sin embargo, comenzaron a ser populares hasta mediados de los ochenta. La lista de *Forbes* de millonarios no es una lista 100 % científica, pero resulta completamente válida para demostrar que el origen de los grandes patrimonios del mundo pertenece a empresarios e inversionistas, una condición o categoría que comparten todos aquellos que deciden participar en el mercado accionario con un enfoque de «dueño de empresa».

La lista de *Forbes* la conforman dueños de empresas o inversionistas que han tenido como principal virtud oportunidad de negocio, conocimiento y paciencia. Todos ellos han superado distintos ciclos de baja en los mercados accionarios en el tiempo, en diferentes industrias. Recuerde que cuando usted invierte en Bolsa, se convierte en dueño proporcional de una o varias empresas.

Al analizarlas y seleccionarlas podrá diferenciar su grado de potencial. No es un tema de suerte ni exclusivo para grandes capitales. La lista de multimillonarios de *Forbes* se actualiza con regularidad. En este libro, considero la que se publicó al inicio del año 2020. El impacto negativo en acciones al inicio de la pandemia afectó también a los multimillonarios, y el número a nivel mundial en 72 países se redujo a 2095, frente a casi 2300 de un año antes.

Aunque la fecha o actualización de la lista es poco relevante para demostrar que los mayores creadores de patrimonio son empresarios e inversionistas en Bolsa, muchos de ellos son potenciales socios suyos cuando también decide invertir en Bolsa.

SOBRE LA LISTA *FORBES*

Para ser miembro del club de la lista de multimillonarios de *Forbes* hay que tener una fortuna superior a 1000 mdd estadounidenses.

La clasificación mide los patrimonios netos más grandes del mundo con base en información pública. Al inicio de 2020, la lista la encabezaba Jeff Bezos, fundador y presidente de Amazon, con un patrimonio de $113 000 mdd. Le sigue Bill Gates, de Microsoft; luego Bernard Amault y el mundialmente reconocido inversionista Warren Buffett.

Lista *Forbes* de multimillonarios (inicio de 2020)

LUGAR	NOMBRE	MMDD	PAÍS	EMPRESA	SECTOR	EN SNX
1	Jeff Bezos	113.0	EUA	Amazon	Tecnología	X
2	Bill Gates	98.0	EUA	Microsoft	Tecnología	X
3	Bernadrd Arnault	76.0	Francia	LVMH	Moda y Comercio	
4	Warrent Buffet	67.5	EUA	Berkshire Hathaway	Finanzas / Inversión	
5	Larry Ellison	59.0	EUA	Oracle	Tecnología	
6	Amancio Ortega	55.1	España	Zara	Moda y Comercio	
7	Mark Zuckerberg	54.7	EUA	Facebook	Tecnología	X
8	Jim Walton	54.6	EUA	Walmart	Moda y Comercio	
9	Alice Walton	54.4	EUA	Walmart	Moda y Comercio	
10	Rob Walton	54.1	EUA	Walmart	Moda y Comercio	
11	Steve Ballmer	52.7	EUA	Microsoft	Tecnología	X
12	Carlos Slim	52.1	México	América Móvil	Telecomunicación	
13	Larry Page	50.9	EUA	Google	Tecnología	X
14	Sergey Brin	49.1	EUA	Google	Tecnología	X
15	Francoise Bettencourt	48.9	Francia	L'Oreal	Moda y Comercio	
16	Micheal Bloomberg	48.0	EUA	Bloomberg	Medios Comunicación	
17	Jack Ma	38.8	China	Alibaba	Tecnología	X
18	Charles Koch	38.2	EUA	Koch Industrias	Diversos	
19	Julia Koch	38.2	EUA	Koch Industrias	Diversos	
20	Ma Huateng	38.1	China	Tencent	Tecnología	X

Fuente: *Forbes*, 2020.

En el grupo de los primeros veinte billonarios del mundo, el 60 % proviene de EUA. Esto no es casualidad. Recuerde que es el país en donde existe mayor cultura financiera y bursátil. No perdamos el mensaje central: los constructores de patrimonio más importantes del mundo son empresarios e inversionistas. Los que aparecen en *Forbes* son los que tienen empresas o invierten en acciones que cotizan en Bolsa (ver más adelante metodología de *Forbes*).

¡La misma proporción de reparto de utilidades que reciben ellos (todos los grandes dueños de empresas) mediante el pago de dividendos o el mismo beneficio proporcional por el incremento en el precio de sus acciones en el mercado accionario, es exactamente igual para usted si compra acciones de esas empresas! Esto significa que usted es su socio.

Comprender esta condición al participar en Bolsa como dueño de empresa o empresario propicia un entendimiento completamente diferente al que hasta ahora, por muchos años, muchos mexicanos han percibido sobre la inversión en Bolsa; es decir, la consideraban como algo más parecido a un tipo de apuesta, muy asociada a la suerte, o como una posibilidad de hacer dinero pronto a costa de mucho riesgo y para la que se requieren muchos millones. Esta impresión equivocada ha provocado que no se hayan considerado grandes oportunidades para la conformación de patrimonios y, peor aún, que no se hayan realizado.

¿Alguna vez se imaginó ser dueño de algunas de las cadenas comerciales más grandes de México o del mundo, de las empresas de tecnología más avanzadas, de las compañías de entretenimiento de mayor prestigio o de las que fabrican artículos deportivos de reconocidas marcas cuyos productos se venden a nivel mundial? Y qué decir de las industriales que producen autopartes o de las que ofrecen servicios como aerolíneas o grupos financieros. ¡Sí! por difícil e imposible que les resulte a algunos creerlo, usted puede, además de su actividad profesional, ser un empresario a través de la inversión en Bolsa en la que, vuelvo a señalar, no se requieren cantidades millonarias para poder participar.

METODOLOGÍA DE *FORBES*

- **Solo patrimonio empresarial.** Al momento de calcular las fortunas, *Forbes* tiene en cuenta las participaciones (como acciones), fondos y otros activos empresariales. Pero no considera las inversiones privadas (casas, joyas o yates) ni el dinero «líquido».
- **Fuentes limitadas.** *Forbes* solo dispone de la información accesible de manera pública (Mercado de Valores o registro mercantil). *Forbes* únicamente la ordena, suma y clasifica.
- **Cuentan los activos, pero no los pasivos.** Si un empresario posee parte de una empresa, se le atribuye a su fortuna el precio de esas acciones, pero no la deuda de la empresa.
- **¿Familias o individuos?** *Forbes* no incluye a cien millonarios, sino cien fortunas. En ocasiones se las atribuye a una persona y en otras a una familia. ¿Con qué criterio? Bastante aleatorio.
- **Valor en libros contra valor en Bolsa.** Cuando las empresas no cotizan en Bolsa, las fortunas se calculan con el valor en libros, que en general no refleja el valor real o actual de la empresa.

NATURAL DESIGUALDAD Y MAGIA DE INTERÉS COMPUESTO

Un informe sobre la desigualdad económica mundial indicó que siete de cada diez personas viven en un país donde la desigualdad ha empeorado durante las últimas tres décadas, y en los últimos 25 años, el 1 % de los habitantes más ricos ha ganado más ingresos que el 50 % inferior reunido. El estudio se basa en la misma lista anual de multimillonarios de la revista *Forbes* y en el banco de datos de riqueza global de Crédit Suisse.

Sin dejar de reconocer las implicaciones sociales y políticas, lo cierto es que el crecimiento de dicha desigualdad resulta un tanto «natural». Una parte de esta creciente brecha se explica por el acceso al conocimiento, en este caso al conocimiento de la inversión: los que lo tienen y ejercen se alejan cada vez más en la construcción de patrimonios de quienes no lo tienen. Otra parte se explica por el beneficio exponencial que patrimonios, ya de por sí grandes, obtienen con cualquier rendimiento adicional que suman cada año. Es lo que llamamos la «magia del interés compuesto».

El genio, Albert Einstein, señaló en diversas ocasiones que la fuerza más poderosa del universo era «el interés compuesto». Cuando se lo mencioné a mi esposa Marthita, me dijo que no era cierto, que la fuerza más poderosa era el amor. Como siempre, tuvo de nuevo la razón, pero sigue siendo la segunda fuerza más poderosa del universo.

La tabla siguiente presenta un ejercicio en donde una inversión acumula una ganancia del 5 %. De primera mano, muchos pensarían que el beneficio acumulado luego de 4 años sería equivalente a un 20 %. La realidad es que el beneficio es mayor, pues cada año se acumula la ganancia del anterior. Esto es para una inversión de $100, el primer año el beneficio acumulado es de $105, pero para el segundo año no es $110, sino $110.25; así, en 4 años la ganancia no es $20, sino $21.55.

El otro tema que resulta primordial identificar en su camino como dueño de empresa en Bolsa es el valor o monto inicial. Si bien el beneficio como tasa de rendimiento anual es el mismo para los distintos importes de la tabla siguiente, el beneficio final, los términos absolutos (pesos), es evidentemente mayor para quien inició con una inversión más alta. Para el que inició con \$100, luego de 4 años tendrá \$21.55 más (21.55 % y no 20 %), pero si comenzó con \$100 000, terminará con \$21 550.63. Por ello, la desigualdad crece. La moraleja es la misma: vuélvase socio de este grupo de empresarios lo más pronto posible. Recuerde el beneficio que ofrece la llamada «magia» del interés compuesto (reinversión de rendimientos). ¡Hágalo pronto, el tiempo juega a su favor!

Ejercicio de inversión a 4 años con tasa del 5 % anual

Tasa anual	**5 %**	**5 %**	**5 %**	**5 %**	**Acumul.**
Inversión inicial	Año 1	Año 2	Año 3	Año 4	**Acum. 4a**
100.00	105.00	110.25	115.76	121.55	**21.55**
1000.00	1050.00	1102.50	1157.63	1215.51	**215.51**
10 000.00	10 500.00	11 025.00	11 576.25	12 155.06	**2155.06**
100 000.00	105 000.00	110 250.00	115 762.50	121 550.63	**21 550.63**

EL MAPA DE MILLONARIOS

Concluyo este capítulo con un mapa que identifica la cantidad de millonarios (individuos con más de \$50 mdd) y su distribución a nivel global. Observe cómo casi una tercera parte de ellos vive en EUA, en donde seiscientos de cada 1000 individuos invierten en el mercado accionario ¿Se da cuenta de que las coincidencias no existen?

Datos adicionales para entender mejor la proporción del mapa de millonarios: en México somos cerca de ciento cincuenta millones de habitantes; en EUA el número de habitantes es de trescientos cincuenta millones aproximadamente. En China, la cifra es de ¡1400 millones de habitantes!

Distribución geográfica de individuos con más de $50 mdd

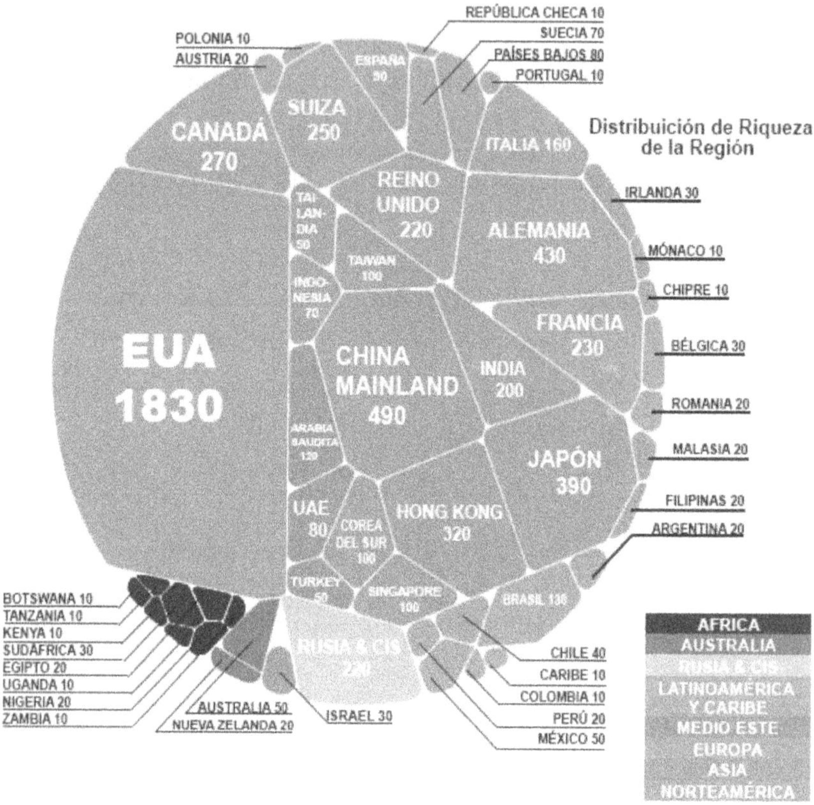

Fuente: Howmuch.com.

UTILICE SU VENTAJA COMO CONSUMIDOR

Dime y lo olvido, enséñame y lo recuerdo,
involúcrame y lo aprendo.

Benjamín Franklin

SABER VER LAS OPORTUNIDADES

El uso del sentido común es indispensable como un elemento primario en el proceso de identificación de oportunidades para un empresario que invierte en Bolsa. Este capítulo demuestra la manera en que frecuentemente se presentan oportunidades de inversión, que dejamos pasar por no contar con la preparación adecuada, una buena asesoría o sentido común.

Seguramente tiene usted un pasatiempo: deporte, cine, música, viajes, etc. Hace un año, durante el primer día de la clase Inversión Patrimonial, en la Facultad de Contaduría y Administración de la Universidad Nacional Autónoma de México, llevamos a cabo la tradicional presentación del grupo, en donde cada uno expone sus datos generales e incluye, precisamente, sus pasatiempos. Para mi sorpresa, fue la primera vez que casi dos terceras partes del grupo señaló «ver películas y series en Netflix» como un pasatiempo.

Netflix es una empresa líder en su sector, que cada vez crece más en contenido y calidad. Su producción propia participa con mayor frecuencia en las nominaciones a premios como los Óscar, que otorga la Academia de Artes Cinematográficas de EUA. Esto ha propiciado que el precio de la acción haya ganado casi un 200 % en dólares en tan solo 3 años, y mucho más si se considera un período mayor.

En el mundo del deporte, la compañía Nike es un referente. Es la empresa favorita de los jóvenes en EUA y de muchos deportistas a nivel mundial. El consumo de su calzado (tenis) ha trascendido más allá del deporte y la moda para convertirse en una especia de culto. Sus modelos se pueden cotizar en más de $30 000 dólares estadounidenses, y aunque eso sucede en un mercado secundario, ofrece una muy buena idea de la demanda exponencial de sus productos en los últimos años.

Nike esta viviendo un proceso de transformación para llegar al cliente de manera directa, mediante plataformas de comercio electrónico y así depender cada vez menos de la venta en tiendas.

Esto implica utilidades mucho mayores para la compañía, pues deja de lado a intermediarios. En 2019, la proporción de ventas en línea representó el 10 % del total de sus ventas, pero para 2020, esta proporción alcanzaba más del 30 %. El precio de la acción ha subido más del 170 % en dólares en 3 años.

¿Qué me dice de Amazon? La tendencia de comercio electrónico es cada vez mayor. En EUA, el 70 % de las ventas de fin de año se hace ya por este medio. En 2020, la pandemia por la COVID-19 propició un aumento exponencial en el consumo electrónico, pero también de otras actividades en las que Amazon es líder como el almacenamiento en la nube. En esta empresa, el avance de su acción en dólares en 3 años es de más del 200 %.

Ventas de comercio electrónico versus ventas de tiendas departamentales

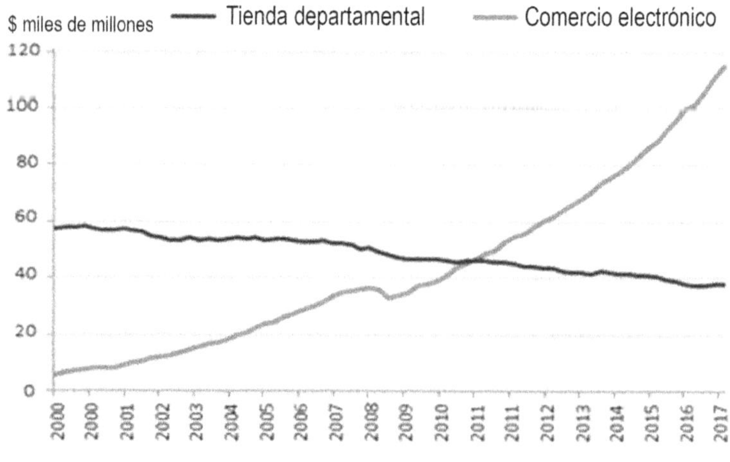

Fuente: Departamento de Comercio de EUA, wolfstreet.com.

Los ejemplos son innumerables, pero al punto al que quiero llegar es al hecho de que por muchos años no hemos podido aprovechar nuestra condición de consumidores. Pareciera que lo atractivo que resultan los productos o servicios de muchas compañías pasa inadvertido para todo el mundo. En el mejor de los casos, llegamos a pensar «caray, qué compañía tan exitosa y qué buenos productos» o «qué bárbaro, hasta dónde va a terminar de avanzar tal o cual empresa». Pero difícilmente hemos pensado que esas empresas que admiramos y cuyos productos y servicios consumimos pueden ser nuestras.

Sí, pueden ser nuestras si compramos sus acciones. La misma ganancia porcentual que en el tiempo recibe el dueño mayoritario de una compañía de este calibre, llámese Jeff Bezos (Amazon), Bill Gates (Microsoft) o Mark Zuckerberg (Facebook), que los ha llevado a construir grandes patrimonios, es la misma que recibimos nosotros.

Peter Lynch, uno de los manejadores más exitosos de inversiones que ha existido, con frecuencia mencionaba que el mejor analista que tenía era su esposa. Cuando identificaba que su esposa o grupo de amigas comenzaban a tener cierta preferencia por algún producto o servicio, de inmediato investigaba a la compañía que lo producía u ofrecía. Muchas de sus inversiones más exitosas se originaron de ese modo.

Necesitamos cambiar nuestra manera de pensar e interactuar con nuestro entorno. Usted no necesita ser un analista o estratega especializado para identificar oportunidades, solo necesita saber que la posibilidad de ser dueño de grandes empresas mundiales existe desde México.

LA EDUCACIÓN FINANCIERA DEL CAJERO Y EL CARPINTERO

La clave de la educación no es enseñar, es despertar.

Ernest Renan

DOS ANÉCDOTAS ILUSTRATIVAS

La siguiente historia se conecta por completo con el capítulo anterior e ilustra de mejor manera que la educación financiera no tiene que ser tan sofisticada. Basta, como ya señalé, un poco de sentido común.

En octubre de 2017 buscaba unos tenis de básquetbol que mi hijo menor (Bruno) había pedido para su cumpleaños. Se trataba de un modelo marca Under Armour (Stephen Curry 4) cuyo lanzamiento sucedía justamente el día que los busqué (27 de noviembre). Para no hacer la historia muy larga, después de visitar varias tiendas que no lo tenían, di con una que sí lo vendía, pero al querer pagar, el cajero me dijo que «el sistema» no permitía vender dicho modelo. Verificó la fecha del lanzamiento, validó que era ese día, pero muy apenado se disculpó de nuevo por no poder vendérmelo ni recibir dinero en efectivo para ingresarlo en ese momento. Me ofreció entonces apartar el modelo y que yo regresara al día siguiente, pues con seguridad el sistema ya lo podría aceptar.

Al día siguiente, fui el primero en la tienda pero sucedió lo mismo, el cajero habló con el gerente, quien me pidió que esperara. Minutos después, me explicó que le habían informado que el modelo de tenis tenía un defecto de fabricación y por ello no los podían vender, de hecho, tenían que regresar los modelos en existencia.

Agradecí la información y tomé la segunda opción de Bruno (otro modelo). Justo antes de salir de la tienda, el cajero comentó: «Voy a llamar pronto para vender mis acciones de EUA». «¿Cómo?», pregunté «¿Eres inversionista (empresario) en Bolsa?». «¡Por supuesto!» respondió el joven de no más de 17 años, quien combina su trabajo de cajero con sus estudios y que además invierte desde hace tiempo en Bolsa.

«¿En qué inviertes?» pregunté. «Principalmente en empresas relacionadas con deportes. Mi condición de cajero me permite identificar el gusto de los consumidores por marcas y tendencias».

¡Perfecto!, este es el caso más evidente de una buena educación financiera implementada a una edad temprana y complementada con un método poco sofisticado, que principalmente se asocia con el sentido común.

Lamentablemente, esto no me sucedió en México sino en EUA donde el 60 % de la población económicamente activa invierte en el mercado accionario, en tanto que menos del 1 % en nuestro país lo hace. Es la manera en que muchos estadounidenses han podido construir sólidos patrimonios.

Una historia similar le sucedió a un buen amigo, Henry Garrido, reconocido manejador de inversiones en San Francisco. Henry me contó que durante un viaje de negocios estaba sentado en una terminal aérea en EUA esperando su vuelo; observaba en la televisión un programa especializado en mercados financieros en el que entrevistaban al director de una empresa que cotizaba en bolsa. La persona a su lado comenzó a platicar de lo buena que era la empresa a la que hacían referencia en el programa, y así entablaron una conversación sobre la conveniencia de «ser dueño» de aquella compañía.

Henry escuchó el llamado para abordar y se despidió de aquella persona. El desconocido felicitó a Henry por sus comentarios sobre la empresa y su conocimiento, y le preguntó a qué se dedicaba. «Soy manejador de fondos» contestó Henry. Henry le preguntó después a él «¿y usted a qué se dedica?»; también reconoció su conocimiento sobre la empresa, pero sobre todo su condición de inversionista en Bolsa. «Soy carpintero», respondió el hombre.

¿CÓMO LE HACEN LOS QUE MÁS TIENEN?

Los inversionistas más exitosos no son los más inteligentes, son los más disciplinados.

Warren Buffett

EL EJEMPLO ES UNA ORDEN SILENCIOSA

En EUA, un inversionista de alto patrimonio neto se define por lo general con cuentas de $3 mdd o más en activos invertibles (no incluye valor de residencia principal). Los de Patrimonio Neto Ultra Alto tienen $30 mdd o más. En 2019, el área de Private Wealth Management del Bank of America realizó una encuesta con 892 de ellos para identificar la distribución por tipo de inversiones promedio en sus portafolios.

Comparto con usted el resultado que publicó, pues en mi opinión ofrece un ejemplo perfecto de la manera en que estos individuos de alto patrimonio han construido su fortuna.

Destaca cómo, en promedio, estos grandes constructores de patrimonio asignan más del 50 % de su portafolio a acciones (dueños de empresas), seguidos por la tenencia de bonos y después el efectivo. En el 9 % del rubro «otros» se incluyen las inversiones en bienes raíces.

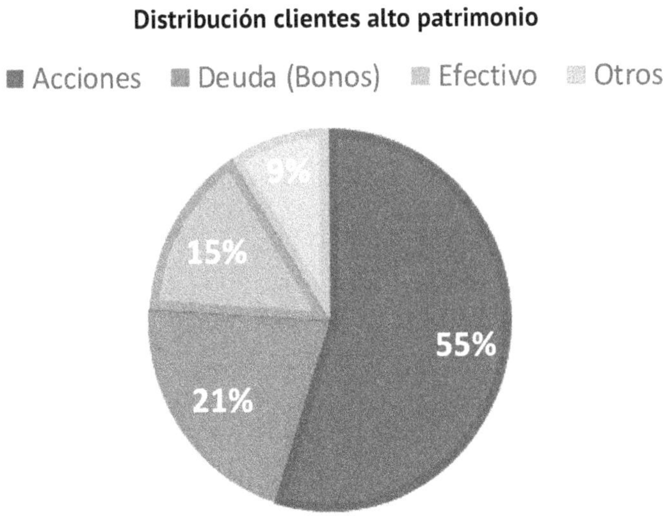

Fuente: Bank of America.

LA «GENERACIÓN SABIA»

Conocer la «receta» de los creadores de patrimonio es realmente útil; es como saber la manera en la que un chef realiza sus mejores platillos, cómo un pintor logra sus mejores obras o cómo Stephen Curry (basquetbolista profesional) logra encestar tiros de tres puntos. Cuando el Bank of America desglosa la información por grupos de edades en esta misma categoría de clientes con mayor patrimonio, el resultado es el mismo. De hecho, de la llamada «generación silenciosa», más del 75 % tiene más en acciones, no porque haya comprado a los 70 años, sino porque iniciaron a los 30, 40 o 50 años de edad, y saben que ha sido y será la mejor alternativa para hacer crecer su patrimonio. Yo la llamaría la «generación sabia».

De ninguna manera sugiero que todos asignen estas proporciones. La relación adecuada para cada inversionista depende de su perfil, que está conformado por variables como el horizonte de inversión, los objetivos de inversión y la aversión al riesgo.

No obstante, aquí tiene usted la receta, la fórmula o el secreto de los grandes creadores de patrimonio.

Distribución de portafolios de inversión según generaciones

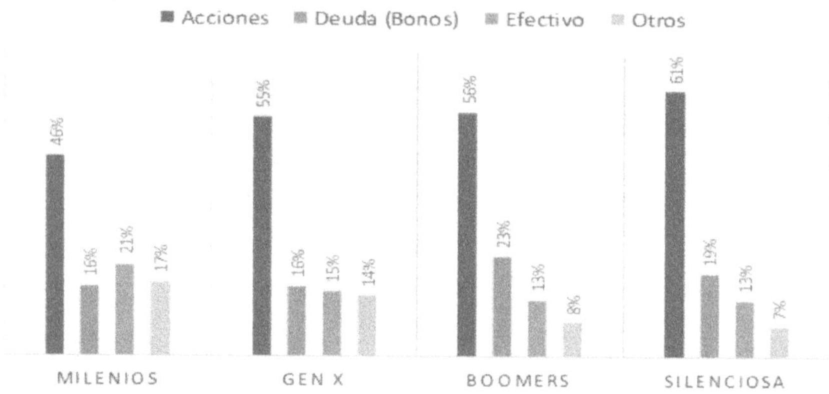

Fuente: Bank of America.

NATURALEZA DE SUPERVIVENCIA Y VALOR DE HÁBITOS EN BOLSA

Los hábitos del hombre forjan su propia fortuna.

Anónimo

¿POR QUÉ NOS CUESTA TRABAJO INVERTIR?

Las reflexiones del libro *El efecto compuesto*, de Darren Hardy (2011) resultan más que apropiadas en el proceso de inversión. «El control de la información que recibimos tiene un efecto directo y palpable en la productividad, decisiones y resultados que obtenemos. Controlar lo que "alimenta" nuestro cerebro es muy difícil porque gran parte de la información que absorbe es involuntaria». Ya comentaba yo en un capítulo anterior que nuestro cerebro no está diseñado para hacernos felices, su única prioridad es la supervivencia. Siempre está alerta ante cualquier señal de escasez, agresión o peligro. Nuestro cerebro está programado para detectar lo negativo. Es por ello por lo que cuando usted escucha o lee noticias sobre tragedias, mala economía, etc. la alarma del cerebro se enciende y pasamos el resto del día digiriendo miedos, preocupaciones y negatividad en general.

Nuestra natural mayor atención hacia lo negativo se debe a una herencia genética que se remonta al instinto prehistórico de preservación (por el clima, por enfermedades, por el ataque de animales salvajes). Incluso si decidimos ser positivos, nuestro instinto básico nos vence (los medios lo saben y utilizan titulares sensacionalistas para atraer nuestra atención: lunes negro, crac bursátil, etc.). Por ello, suponer que una inversión puede ocasionar minusvalías activa el mecanismo de defensa del cerebro y prefiere evitar esa decisión.

CONSTRUIR HÁBITOS

Ahora que lo sabemos, ¿cómo trabajamos para aprovechar oportunidades? Un sabio maestro paseaba en el bosque con uno de sus discípulos y se detuvo frente a un pequeño arbolito. «Arráncalo», instruyó el maestro. El joven lo arrancó fácilmente con los dedos. «Ahora arranca este otro», señaló un arbolito mayor que llegaba a la rodilla del discípulo. Casi sin esfuerzo, el pupilo tiró y lo sacó con todo y raíces. «Ahora este», dijo el maestro, apuntando a un árbol más grande. Tirando con todas sus fuerzas y apalancando las raíces con palos y piedras, consiguió retirarlo del suelo boscoso. «Ahora quiero que arranques este otro». El joven observó entonces un roble enorme cuya copa apenas podía ver. Respondió: «Lo siento maestro, pero no puedo hacerlo». «Hijo mío», exclamó el maestro, «acabas de demostrar (descubrir) el poder que tienen los hábitos en nuestra vida». Cuanto más tiempo, más grandes y enraizados se vuelven, y más difícil es erradicarlos. Algunos se hacen tan grandes y echan raíces tan profundas que no te atreves a intentarlo.

El reto consiste, entonces, en construir hábitos correctos, pues los incorrectos también pueden crecer y, por lo tanto, son sumamente peligrosos. En el mundo de las inversiones, estos hábitos se asocian directamente con los cuatro ingredientes de éxito que mencionamos con frecuencia: conocimiento básico, metodología de inversión, disciplina y paciencia. Una metodología disciplinada al invertir evita estrés al transformar las acciones dudosas en ejecuciones eficaces.

METODOLOGÍA INTEGRAL C4

Entre mayor sea el reto, más rigurosa debe ser la metodología. En SNX, nuestra metodología C4 invita a conocer y controlar los riesgos en las cuatro diferentes etapas en las que se presenta: 1) ¿cuánto de mi patrimonio se dirige a Bolsa, 2) ¿en cuáles emisoras debería ser dueño?, 3) ¿cómo distribuyo correctamente las acciones de esas empresas (número y proporción), y 4) ¿cuándo aumento o disminuyo exposiciones? La metodología, disciplina y paciencia tienen un poder enorme. Su implementación ha dado como resultado el éxito en distintas áreas: profesional, personal, deportivas, salud, etcétera.

¿CUÁNDO ME RETIRO?

Me interesa el futuro porque es el sitio donde
voy a pasar el resto de mi vida.

Woody Allen

UN EJERCICIO DE SIMULACIÓN

Además de la felicidad, un objetivo profesional común es alcanzar un retiro digno. Para concluir la parte medular de este libro, le ofrezco un simulador de inversión que, independientemente de las cifras duras, lo que pretende es ayudar a sensibilizarlo sobre el impacto real a futuro que resulta de distintas decisiones de inversión. El ejercicio es un simulador real que ofrecimos a un buen amigo y cliente que, por discreción profesional, dejamos en el anonimato. Mi amigo tiene 50 años y piensa retirarse en unos 3 años más. Tiene un negocio próspero que le ha permitido un patrimonio cercano a 25 mdp. A él le gustaría saber con qué combinaciones de inversiones podría obtener mejores resultados en 25 años.

PRIMER ESCENARIO DE RETIRO: NOMINAL/20 % ACCIONES – 80 % DEUDA

Con un importe inicial de $25 mdp, un portafolio 20 % en acciones y 80 % en deuda con rendimientos promedio estimados del 12 % y 4.5 % anual, un retiro mensual de $120 000, el saldo nominal después de

25 años llegaría a $28.29 mdp. Es importante señalar que este ejercicio no considera el impacto de la inflación en el poder adquisitivo en el tiempo. Es decir, no es un resultado real. Lo presentamos a propósito para mostrar lo que sucede cuando a estos simuladores no se les incorpora la inflación. Un pronóstico del 12 % en Bolsa no parece inalcanzable. Recuerde que somos inversionistas en el mundo, así que pueden ser empresas locales o internacionales.

	Años	**5**	**10**	**15**	**20**	**25**
Retiro mensual	**Retiro anual**					
90 000	1 080 000	27 367 579	30 535 934	34 775 907	40 449 948	48 043 095
100 000	1 200 000	26 691 128	28 954 238	31 982 791	36 035 677	41 459 354
120 000	1 440 000	25 338 226	25 790 848	26 396 558	27 207 135	28 291 871
140 000	1 680 000	23 985 323	22 627 457	20 810 325	18 378 594	15 124 388
160 000	1 920 000	22 632 421	19 464 066	15 224 093	9 550 052	1 956 905
180 000	2 160 000	21 279 519	16 300 675	9 637 860	721 510	**-11 210 578**

SEGUNDO ESCENARIO DE RETIRO: REAL/20 % ACCIONES – 80 % DEUDA CON INFLACIÓN 5 %.

Para este escenario se considera una tasa de inflación del 5 %, con lo que el saldo nominal después de 25 años disminuye de $28.29 mdp nominal a -$6.82 mdp real. Este ejercicio permite sensibilizar el saldo futuro al valor actual. La matriz ofrece además el saldo final en escenarios con distintos retiros al mes. Parecería entonces que $25 mdp no son suficientes para un retiro.

	Años	5	10	15	20	25
Retiro mensual	Retiro anual					
90 000	1 080 000	20 971 615	16 747 714	12 318 806	7 674 943	2 805 690
100 000	1 200 000	20 389 198	15 554 612	10 485 381	5 170 115	-403 125
120 000	1 440 000	19 224 364	13 168 409	6 818 529	160 460	-6 820 757
140 000	1 680 000	18 059 530	10 782 206	3 151 678	-4 849 195	-13 238 389
160 000	1 920 000	16 894 696	8 396 002	-515 173	-9 858 850	-19 656 020
180 000	2 160 000	15 729 861	6 009 799	-4 182 024	-14 868 505	-26 073 652

TERCER ESCENARIO DE RETIRO: REAL/70 % ACCIONES – 30 % DEUDA Y 15 % DE RENDIMIENTO ESTIMADO EN ACCIONES

En este tercer escenario mejoramos marginalmente el rendimiento promedio anual esperado para la estrategia en acciones del 12 % al 15 %. Cabe señalar que el rendimiento promedio de la metodología C4 de SNX en los últimos 19 años ha sido del 21 %, por lo que un 15 % promedio esperado sigue siendo relativamente conservador. Con una distribución del 70 % acciones/30 % deuda, el saldo final con inflación después de 25 años pasa de $-6.82 mdp a $40.33 mdp (nominal $223.7 mdp).

	Años	5	10	15	20	25
Retiro mensual	Retiro anual					
90 000	1 080 000	28 431 371	33 137 905	39 593 475	48 448 056	60 593 167
100 000	1 200 000	27 780 360	31 593 954	36 824 752	43 999 413	53 840 313
120 000	1 440 000	26 478 338	28 506 054	31 287 307	35 102 127	40 334 606
140 000	1 680 000	25 176 316	25 418 153	25 749 862	26 204 841	26 828 898
160 000	1 920 000	23 874 293	22 330 253	20 212 417	17 307 555	13 323 190
180 000	2 160 000	22 572 271	19 242 352	14 674 973	8 410 269	-182 517

CUARTO ESCENARIO DE RETIRO: REAL/100 % DEUDA CON INFLACIÓN

En el último escenario, asumimos que toda la inversión es en deuda. Una situación muy común entre aquellos que consideran la decisión como sumamente segura. Observe cómo los $25 mdp desaparecen luego de 25 años para convertirse en un adeudo de $10.21 mdp.

	Años	**5**	**10**	**15**	**20**	**25**
Retiro mensual	**Retiro anual**					
90 000	1 080 000	19 316 294	13 766 631	8 347 851	3 056 866	**-2 109 337**
100 000	1 200 000	18 750 281	12 647 955	6 689 545	871 658	**-4 809 022**
120 000	1 440 000	17 618 257	10 410 604	3 372 935	**-3 498 759**	-10 208 392
140 000	1 680 000	16 486 232	8 173,252	56 324	**-7 869 176**	**-15 607 762**
160 000	1 920 000	15 354 208	5 935 901	**-3 260 287**	**-12 239 592**	**-21 007 132**
180 000	2 160 000	14 222 183	3 698 549	**-6 576 897**	**-16 610 009**	**-26 406 502**

¿Y bien? ¿Qué le pareció? ¿Sigue pensando que la inversión es únicamente para especialistas? ¿Sigue pensando que la Bolsa es una apuesta y un riesgo desmedido?

De todo corazón espero que esta segunda parte del libro contribuya a mejorar sus decisiones de inversión y a desterrar para siempre los peligrosos mitos de la educación financiera.

PARTE 3

Complementos para la vacuna

INFLUENCIAS: LOS TRES TIPOS

Ejemplo, la única manera de influir sobre los demás.

Albert Einstein

EL PODER DE LAS DECISIONES Y LOS FACTORES EXTERNOS

Las decisiones son importantes, incluso las más insignificantes, porque una vez que se acumulan pueden tener un efecto enorme en nuestra vida. Somos responsables de nuestras decisiones al 100 %, de las elecciones y acciones que realizamos. No obstante, no podemos evitar la influencia de factores externos. Para mantener una trayectoria correcta hacia nuestros objetivos marcados, es necesario también entender y controlar esa influencia. Esto tiene una relación absoluta en su actuar como inversionista, como dueño de empresa en Bolsa, pero también en muchas otras áreas en las que, como individuos, nos conducimos. Existen tres tipos de influencias que afectan a todo el mundo.

La información recibida (lo que alimenta nuestra mente). Si deseamos que nuestro cuerpo rinda al máximo en una competencia, tendremos que alimentarlo de nutrientes de máxima calidad y evitar la comida «basura». De la misma manera, para que nuestras decisiones sean mejores, debemos vigilar la información que recibimos (¿noticias sensacionalistas, columnas de chismes, entrevistas vacías de contenido, rumores, pláticas de café, etc.?). La manera más sencilla es solo recordar esto y discernir sobre lo que alimenta nuestras decisiones.

Las relaciones (las personas con las que mantenemos contacto). La gente con la que nos relacionamos se denomina «grupo de referencia». Según las investigaciones del psicólogo social, el Dr. David McClelland, de la Universidad de Harvard, el grupo de referencia determina el 95 % de nuestro éxito o fracaso en la vida. ¿Con quién pasamos más tiempo? ¿Quiénes son las personas a las que más admiramos? ¿Son esos dos grupos similares? Nos convertimos en la combinación de las cinco personas con las que pasamos más tiempo. En su libro *My Philosophy for Successful Living*, Jim Rohn (2011), empresario norteamericano, afirma que podemos adivinar la calidad de nuestra salud, actitud e ingresos con solo mirar a las personas que nos rodean. Con el tiempo comemos lo que comen, hablamos como hablan, leemos lo que leen o no leemos porque ellos no leen, vemos lo que ven, pensamos como piensan. Esta transformación es sutil y por ello no nos damos cuenta. Como sostiene Rohn: «No puede relacionarse con gente negativa y esperar tener una vida positiva».

Recuerdo la conclusión de otro buen libro que describe su propio título *Rodéate de los mejores*, de Claudio Fernández-Aráoz (2019). Como director de la firma Egon Zehnder, líder mundial en la contratación de talentos (*headhunter*), el autor realiza una investigación en la que identifica los elementos en común que tienen los profesionistas más exitosos: genética, desarrollo, dedicación y rodearse de los mejores.

El entorno (lo que nos rodea). No se refiere únicamente al lugar en donde uno vive o trabaja, cuya influencia personal resulta absoluta (no tiene que ser de gran lujo, pero sí limpio y ordenado), se trata de todo lo que nos rodea. Al igual que en la casa o el empleo, el desorden dificulta el trabajo efectivo y eficaz. El desorden mental impide tomar mejores decisiones. Cada cosa que dejamos sin completar, cada promesa, compromiso o acuerdo no cumplido, nos produce desorden mental. «En la vida conseguiremos lo que aceptamos y esperamos merecer» (Rohn, 2011). Si tolera la falta de respeto, no lo respetarán; si tolera que la gente llegue tarde o lo engañe, así seguirá; si tolera estar obeso, cansado y enfermo continuamente, así permanecerá; si se ocupa poco de sus finanzas, de la creación de un patrimonio o de su futuro financiero, el resultado será lamentable y cuando se dé cuenta, demasiado tarde.

PIENSE Y ACTÚE COMO EMPRESARIO

Un emprendedor nunca se rinde.

Ramón Berea

UN EMPRESARIO NO VENDE SU EMPRESA TODOS LOS DÍAS

Piense como un dueño de negocios. Si las acciones son proporciones de propiedad de una compañía, debemos valorarlas como lo hacemos con las empresas. Uno de los métodos más recomendables para encontrar el valor (distinto al precio) de una empresa es descontarlo (llevar a valor presente) de todo el flujo de efectivo futuro que pueda generar. Un inversionista debe pensar como un propietario de negocios, no como un empleado. Los empresarios no se levantan por la mañana y preguntan si deben vender su negocio ese día. Si tienen una pizzería, no piensan si lo que realmente deberían poseer es una zapatería en su lugar. Muestran paciencia y persistencia, y tratan de entender mejor su negocio para poder obtener el mayor rendimiento durante un período de tiempo más largo. Warren Buffett ha señalado: «Si usted es dueño de sus acciones como una inversión, al igual que usted tendría un apartamento, una casa o una granja, mírelos como un negocio. Si va a tratar de comprarlos y venderlos con base en noticias o algo que su vecino le diga, no lo hará bien. Encuentre un buen grupo de negocios y manténgalos».

LAS DOS PREGUNTAS: ¡PROYECTOS!

Las seis variables que distinguimos para identificar una empresa extraordinaria son: crecimiento, rentabilidad, liderazgo, poca deuda, política de pago de dividendos y buena administración. Esta última es una variable de carácter cualitativo de un negocio, representada en gran parte por la manera en que la dirección de empresa se involucra en o se apasiona por sus proyectos.

La mejor manera de adaptarse como estratega para calificar la dirección de una empresa es preguntarse o investigar lo siguiente. ¿Cuál ha sido el último gran proyecto del director o de la compañía? Si la respuesta se complica por la cantidad de proyectos que se llevan a cabo o en los que se trabaja recientemente, entonces no hay duda de que se trata de una buena dirección corporativa. Con esta información habrá que preguntar o investigar después ¿cuál es el próximo gran proyecto del director o de la compañía? De la misma manera, si los proyectos en los que esta empresa está trabajando son muchos o de valor atractivo, entonces se trata de una buena compañía de la que vale la pena ser dueño. Personalmente, creo que son dos preguntas que es necesario hacerse como individuo. ¿Cuál fue mi último gran proyecto o cuál es mi siguiente gran proyecto? No tiene que ser algo extraordinario, puede tratarse de aprender un idioma, llevar a cabo una actividad pendiente, organizar mejores actividades diarias, etc. ¡Lo importante es hacer y tener siempre proyectos en mente!

INVIERTA, NO ESPECULE

Hay dos momentos en la vida del hombre en que no debería especular: cuando no se lo pueda permitir y cuando pueda permitírselo.

Mark Twain

COMPRAR ACCIONES INDIVIDUALES ES ESPECULAR, NO INVERTIR

Tener una o muy pocas acciones es mucho más riesgoso que contar con una cartera diversificada. Usted decide comprar muchas acciones de una empresa porque cree que tendrá un rendimiento importante. ¿Está seguro de que va a vencer al mercado? ¡No! No hay nada seguro, solo existen mayores o menores probabilidades. Desde 1957, cuando se creó el S&P 500, hasta 1998, solo quedaban 74 empresas de las quinientas originales. Algunas desaparecieron, otras quebraron. De las 74 que quedaron, ¿cuántas lograron superar el índice? ¡Doce! Si eso no lo convence de la dificultad de vencer al mercado con acciones individuales, nada lo hará. Ser dueño de una empresa en Bolsa no significa dejarlas para siempre. Puede ser así, pero hay que atenderlas, se tienen que monitorear sus resultados y perspectivas al menos cada trimestre. Por cierto, las que desaparecieron tampoco lo hicieron de un día para otro, no se preocupe.

LOS HUEVOS DE LA TORTUGA

La década de los noventa fue muy buena para los inversionistas; sin embargo, el 22 % de todas las acciones que sobrevivieron a esta década perdieron dinero, ¡y el 5 % desaparecen cada año! La gente piensa que el rendimiento de un índice accionario representa el promedio de sus empresas, pero no es así. Microsoft, que ganó en esa década un 10 000 %, compensó a muchas perdedoras. Un tercio de todas las acciones tiene un rendimiento inferior a los instrumentos de renta fija.

Otra forma de considerar el problema: los huevos de tortuga. Una tortuga hembra pone miles de huevos y los depredadores se comen casi todos. Pero la única forma de garantizar la supervivencia es cuidarlos (tenerlos) todos. ¿Cree que puede elegir el único huevo de tortuga entre 10 000 que sobrevivirá? Además, las acciones individuales se han vuelto mucho más volátiles, lo que significa que debe tener más de ellas para lograr la diversificación. Si las acciones farmacéuticas como Merck MRK y Pfizer PFE tienen una alta correlación, solo debe tener dos o tres para diversificar el sector. Si tienen una baja correlación, debe ser dueño de todas ellas. Cuando compra acciones individuales, reduce sus probabilidades de lograr sus metas financieras. El primer objetivo es conocer y controlar los riesgos, y la diversificación es el elemento básico para disminuirlos. El número mínimo de empresas en un portafolio para diversificar es seis, aunque en la práctica funciona con diez. Por otra parte, tenga en cuenta que tener demasiadas empresas es también sinónimo de desconocimiento y, por lo general, reduce las plusvalías.

COMENZAR TEMPRANO

La buena suerte se reparte muy temprano.

Ricardo Garza

JORDAN Y NIKE

El 6 de octubre de 1993, la estrella de básquetbol, Michael Jordan, anunció su retiro como jugador. En ese entonces yo tenía 30 años (un mes después me casé). Llevaba ya algunos años como analista, pero no existía el Sistema Internacional de Cotizaciones (SIC). Siempre he sido un gran aficionado al básquetbol, pero en ese momento no relacioné el impacto de la noticia con las acciones de la empresa Nike (cayó un 40 %). Dos años después (el 18 de marzo de 1995), Jordan regresó a las duelas con más fuerza, y a partir de eso Nike no ha dejado de subir de precio. Al igual que yo en esa época, muchas personas dejaron pasar oportunidades de construcción de patrimonio al no relacionar eventos que suceden todos los días y desconocer que podemos ser dueños de empresas que se ven favorecidas por sucesos y tendencias, y sobre todo, al no darnos cuenta a una edad más temprana de esta oportunidad. A mí me tomó varios años «armar las piezas del rompecabezas» y desarrollar una metodología, que hoy seguimos mejorando en SNX.

LA FUERZA MÁS PODEROSA: EL INTERÉS COMPUESTO

Como profesor universitario y padre de universitarios, también me doy cuenta de lo difícil que puede ser interesarse o dar la importancia debida a estos temas cuando se es tan joven. A esa edad, una de las prioridades es «ser joven a plenitud». Pero invertir de manera temprana involucra a una «fuerza más poderosa del universo», a la que Albert Einstein hacía referencia y que mencioné en otro capítulo anterior: el interés compuesto. El beneficio exponencial que se obtiene con el tiempo cuando se acumula la inversión inicial a las plusvalías que mayoritariamente ofrece la inversión en el mercado accionario, es infinitamente mayor entre más temprano se decide invertir.

Estimado lector: si usted es padre, abuelo, tío, padrino o buen amigo, lo invito a considerar la opción de hacer alguna pequeña inversión para sus hijos, nietos, sobrinos o ahijados lo más temprano posible. Más adelante, podrá invitarlos a entender mejor la importancia de la inversión, independientemente de la actividad profesional que realicen, pero no permitamos que las nuevas generaciones pierdan lo que por mucho tiempo nosotros ignoramos: la inversión en Bolsa es la oportunidad de ser dueños de empresas de manera distinta. No es suerte, no es apuesta, no requiere capacidades o conocimientos extraordinarios ni tampoco grandes fortunas. Por el contrario, ha demostrado ser la mejor alternativa para construir y preservar patrimonios.

EL SEÑOR MERCADO Y EL MARGEN DE SEGURIDAD

Conózcalo y actúe de manera independiente.

Warren Buffett

¿QUIÉN Y CÓMO ES EL SEÑOR MERCADO?

Un buen inversionista es aquel que combina un buen juicio (metodología) para identificar empresas atractivas para ser dueño, con la habilidad de ignorar la volatilidad (irracionalidad) del mercado. Vale recordar el concepto del «señor Mercado», desarrollado por Ben Graham (*The Intelligent Investor*, 1949), el profesor más influyente del reconocido inversionista y multimillonario Warren Buffett, así como el concepto de «margen de seguridad». Estos tres elementos han sido y seguirán siendo los pilares de éxito en la inversión bursátil.

El señor Mercado es nuestro «socio» permanente, con un problema de inestabilidad emocional incurable, que aparece todos los días, sin falta, para ofrecer un precio al que comprará o venderá una empresa. Es un individuo bipolar, sus problemas psicológicos afectan los precios que ofrece (de compra o venta). Cuando está eufórico y entusiasmado, solo toma en cuenta las buenas noticias en las empresas o en general, y pide precios altos por las compañías que quiere vender. Pero cuando está en ese estado, en realidad no quiere vender sus posiciones porque teme que usted acepte su precio, compre sus acciones y obtenga el beneficio de toda la apreciación de un mayor precio que él cree que está muy próximo. Pero otros días está de malas y preocupado, lo único que percibe son problemas dentro y fuera de las empresas. En ese estado de ánimo, teme que usted le venda a él, pues se quedará con acciones de empresas con un próximo movimiento de baja. Él pone precios muy bajos para sus negocios y busca que usted las compre. Su mayor atributo es la persistencia. Estará presente todos los días, sin importar su estado de ánimo; además, no le molesta que lo ignoren, regresará mañana con una postura de compra o venta. La pregunta entonces es: ¿cómo nos relacionamos con el señor Mercado? ¿Lo piensa ignorar?, ¿tomará ventaja de su condición? Recuerde, de nuevo, que a él no le importa cómo responda usted. La clave es nunca dejarse influir por él. Conózcalo y actúe de manera independiente. Comprenda bien las empresas de las que es dueño.

EL MARGEN DE SEGURIDAD

La irracionalidad a la baja genera oportunidades. Cuando usted conoce el valor de las empresas, puede identificar el potencial de alza a mayor plazo. El valor estimado se traduce en los llamados precios objetivos: entre mayor es el potencial de crecimiento en el precio de una acción en función de su precio objetivo, mayor será su margen de seguridad. Si hay dos empresas cuyo precio objetivo indica, en una, un potencial del 10 % a doce meses y en otra del 30 % a doce meses, y en ambas se reconoce solo la mitad del potencial, en la primera usted habrá obtenido una plusvalía del 5 %, pero en la segunda del 15 %. Por ello, el margen de seguridad resulta mejor en la segunda.

DIFERENCIA ENTRE AHORRAR E INVERTIR

Existen muchas diferencias entre vivir con sencillez y con descuido.

Lucio Anneo Séneca *(Diálogos)*

ENCONTRAR UN EQUILIBRIO

Muchas personas no tienen clara la diferencia entre ahorrar e invertir. Son completamente diferentes. Tienen distintos propósitos y funciones en una estrategia financiera. Es sumamente importante tenerlo claro antes de emprender el camino hacia la creación de patrimonio o la independencia financiera, para evitar angustia y estrés.

Ahorrar es el proceso de mantener dinero en valores o cuentas «seguras» y líquidos (lo que significa que se pueden vender o acceder a ellos en muy poco tiempo). En México, el mejor ejemplo son las tradicionales cuentas bancarias. Los intereses que ofrecen varían en función de las condiciones de mercado pero, por lo general, tienden a ser bajos o negativos, al restar el nivel de inflación real o personal. Su principal objetivo es el de contar con disponibilidad pronta y sin un riesgo alto de disminuir el monto inicial invertido. Tener el dinero a la mano (en su casa o en una caja fuerte) no es buena idea, pues además de ser peligroso, con el tiempo pierde poder adquisitivo por el efecto de la inflación.

Invertir es el proceso de usar su dinero o capital para comprar un activo (bienes) que se considera que tiene alta probabilidad de generar mucho mayor valor en el tiempo, con el fin de crear un mayor patrimonio, incluso si eso significa estar en períodos volátiles. Las inversiones tradicionales son acciones o bonos de empresas y bienes raíces. Históricamente, las acciones de empresas son las que han contribuido más a la creación de patrimonios.

CAMINAR ANTES DE CORRER

Por lógica, ahorrar debe preceder a la inversión. A menos que herede una fortuna, sus ahorros son los que le proporcionarán lo necesario para alimentar sus inversiones. Si los tiempos se ponen difíciles y necesita efectivo, es probable que tenga que vender sus inversiones en el peor momento posible. Ello dificulta el camino de la creación de patrimonio. Como regla general, los ahorros deben ser suficientes para cubrir los gastos personales (hipoteca, préstamos, costos de seguro, facturas de servicios públicos, escuelas, alimentos y gastos de ropa durante al menos tres a seis meses). De esa manera, si por alguna razón deja de trabajar por un tiempo (¿le suena una pandemia global?), podrá tener el tiempo suficiente para ajustar su vida sin la extrema presión que conlleva depender de un sueldo a otro. Cualquier propósito específico en su vida que requiera una cantidad de efectivo en 3 años o menos debe estar impulsado por el ahorro, no por la inversión. El mercado accionario a corto plazo puede ser extremadamente volátil. Una vez que tenga cubierto lo básico gracias al ahorro y tenga un seguro de salud, podrá comenzar a invertir. No obstante, si se trata de una persona joven que no tiene mayores obligaciones y cuenta con un ingreso, la inversión a una edad temprana es muy recomendable.

GASTAR MENOS: OTRA FORMA DE AHORRAR

A menudo, la excusa más tradicional para justificar la incapacidad de ahorrar es no tener un mayor ingreso (sueldo). En realidad, pocas veces nos damos cuenta de que al gastar menos también podemos ahorrar para luego invertir. Si usted es capaz de actuar de manera racional para administrar su dinero con disciplina, disfrutará las recompensas.

Lo hemos dicho una y otra vez: invertir en el mercado accionario tiene que percibirse como una manera distinta de ser empresario. Cuando usted compra acciones de compañías es dueño de ellas; debe ser cuidadoso en su elección, evitar comprar y vender periódicamente, actuar como lo que es, dueño de empresas con gran potencial que le ofrecerán importantes beneficios. Los mayores creadores de patrimonio en el mundo asignan hasta el 50 % de sus portafolios a las inversiones bursátiles.

PRIMERA PREGUNTA: PRECIO OBJETIVO

Lo peor de la ignorancia es que, a medida que se prolonga, adquiere confianza.

Anónimo

¿QUÉ POTENCIAL DE ALZA TIENE LA ACCIÓN?

Un concepto indispensable, pero de poco conocimiento y explicación para el inversionista poco sofisticado, es el precio objetivo de la acción de una empresa.

Se trata del pronóstico, para un momento determinado, sobre el precio potencial que podría alcanzar una acción en el mercado de valores. Dicho pronóstico lo realiza un profesional especializado (áreas contables, administrativas, financieras o económicas) que desarrolla modelos financieros de las empresas que visita con frecuencia: entrevista a sus funcionarios, da seguimiento permanente a los eventos e información de dichos negocios y sabe que va de por medio su reputación al momento de emitir su opinión.

Todos los elementos fundamentales de atención que un dueño de empresa debe tener presentes, incluida su valuación, se traducen precisamente en un precio objetivo. Si tuviera que escoger solo una pregunta para decidir sobre una empresa para ser dueño, sin duda sería la de conocer su precio objetivo.

Sin embargo, me sorprende la recurrencia con la que al presentarme con algún inversionista para analizar su portafolio y preguntar sobre los precios objetivos que espera que alcancen las acciones de las empresas de las que es dueño, la respuesta es «no sé». Entiendo que puede no ser un especialista o conocedor, pero se trata de la primera información que su asesor debería compartir al proponerle un portafolio o él exigirlo.

En la práctica, advierto con regularidad severos cuestionamientos que algunos participantes suelen manifestar con respecto a los precios objetivos de las empresas en Bolsa, al considerarlos extremadamente «positivos» en épocas difíciles; o, pensándolo bien, prácticamente en cualquier época.

En una gran mayoría, esos precios objetivos se alcanzaron en el tiempo por una sola razón: los modelos y los supuestos en que se basaron funcionaron gracias a que, en mayor o menor tiempo, el señor Mercado recobró la cordura, reconoció su valor y premió a quienes fueron pacientes.

¿CUÁL ES EL MÉTODO DE VALUACIÓN?

Cuando usted decide participar en la inversión bursátil y entiende que se trata de una alternativa que le ofrece la oportunidad de ser dueño proporcional de una o de un grupo de empresas, seguramente deseará averiguar qué método de valuación se utiliza para identificar las mejores oportunidades.

En ese momento descubrirá que existe una gran cantidad de técnicas y métodos disponibles para valuar las empresas, desde los más simples, como las comparaciones de indicadores financieros (ventas, utilidades, márgenes, nivel de deuda), tamaños, múltiplos etc., hasta los más sofisticados como el flujo de efectivo descontado a valor presente (*Discounted Cash Flow*), que además de estimaciones de resultados financieros por varios años de las empresas analizadas, involucra la determinación de una tasa de descuento que incorpora variables como la tasa libre de riesgo, premio de mercado, betas, perpetuidades o riesgo país, entre otros.

La pregunta es: ¿cuál utilizar? Desafortunadamente, no existe un solo método que sea el más adecuado. Cada acción de empresas que cotizan en el mercado es diferente, cada sector e industria a la que pertenecen tiene características propias y específicas que la hacen requerir métodos de valuación distintos. Normalmente, los métodos de valuación se dividen en dos categorías: los modelos de valuación absoluta y los modelos de valuación relativa. ¿Usted cuál utiliza? ¿En qué modelo se fundamentan las emisoras de su portafolio?

Los modelos de valuación absoluta intentan encontrar el valor intrínseco o «verdadero» a partir de aspectos fundamentales como los dividendos, el flujo de efectivo y la tasa de crecimiento. En esta categoría se incluyen: 1) modelo de descuento de dividendo *(Dividend Discount Model);* 2) modelo de flujo de efectivo descontado *(Discounted Cash Flow Model);* 3) modelos de ingreso residual *(Residual Income Model);* y 4) modelos basados en activos *(Asset-Based Models).*

Por su parte, los modelos de valuación relativa operan mediante la comparación de la empresa respecto de otras similares o con referencias históricas propias. Estos métodos generalmente involucran el cálculo de múltiplos o las proporciones en categorías de: 1) enfoque a utilidades o resultados, como el múltiplo precio a utilidad (P/U), el valor de la firma versus resultados operativos sin depreciaciones (FV/Ebitda); y 2) enfoque al valor de activos, inversiones («fierros») como el P/VL o VM/VS.

PRECIOS OBJETIVOS: LA EXPERIENCIA Y EL CONOCIMIENTO DE LOS MEJORES

En la práctica, los analistas y estrategas especializados en conocer, entender y estimar los resultados financieros y valuaciones de las empresas en Bolsa, traducen sus modelos en precios objetivos.

Usted, como no especialista, no está obligado a conocer, entender a la perfección y revisar periódicamente dichas valuaciones. Sin embargo, sí es responsable de saber las bases y argumentos que justifican los precios objetivos.

Cuando en sus decisiones en Bolsa considera los precios objetivos actualizados de un consenso de analistas reconocidos, su decisión se basa en los mejores modelos de valuación que un analista o estratega experto llevó a cabo. Puede o no estar de acuerdo con el precio objetivo, y es cuando aumenta el reto del entendimiento, pero lo importante es que sus decisiones estén soportadas por elementos de carácter fundamental, y no por un argumento poco sólido que pretenda hacer ganar dinero fácil y rápido.

LA PRIMERA PREGUNTA

La conclusión o el mensaje fundamental de este capítulo es sencillo. La primera pregunta que cualquier participante en Bolsa tiene que hacer al momento de decidir de qué empresas ser dueño es: ¿cuál es el precio objetivo de las emisoras recomendadas?

El rendimiento potencial implícito que se obtiene al comparar el precio objetivo con el precio actual del mercado le permitirá conocer lo atractivo de dicha propuesta. Las referencias que puede utilizar para «medir» la conveniencia de dicho rendimiento implícito en el precio objetivo consisten en comparar el rendimiento estimado para el mismo plazo en el Índice de Precios y Cotizaciones (IPyC) o en la tasa de referencia del mercado (cete 28d). Si el rendimiento implícito del precio objetivo es mayor, usted es dueño de una empresa correcta. Entre mayor sea el rendimiento potencial, mayor será su margen de seguridad. De esto hablaremos más adelante.

¡GANE AL EVITAR ERRORES!

La historia de los fracasos en las guerras se resume en dos palabras: demasiado tarde.

Douglas MacArthur

7 ERRORES QUE SE DEBEN EVITAR

Este apartado coincide con una nota que repito cada año, por su importancia durante la temporada de básquetbol profesional en EUA. El campeonato de la NBA (National Basketball Association) se reactivó el 30 de julio de 2020, con medidas preventivas contra la COVID-19, y para finales de septiembre estaba en su fase final, con partidos muy buenos. El sorpresivo desenlace de algunos encuentros recuerda la similitud de la práctica de algunos deportes con la inversión bursátil. Los equipos (portafolios) que cuentan con los mejores atletas (empresas); es decir, de mayor estatura, fuerza, rapidez, etc. (crecimiento en utilidades, poca deuda, valuación atractiva, etc.) tienen una ventaja teórica que debería reflejarse en el marcador. Sin embargo, llama la atención la manera en que muchas veces pierden partidos cerca del final (último cuarto), por cometer errores (una falta indebida, un mal pase, un tiempo fuera no solicitado, etc.). En el mercado accionario sucede algo muy parecido, inversionistas que desarrollan una buena estrategia la mayor parte del tiempo, pero que toman decisiones equivocadas (cometen errores en los últimos minutos). Al igual que en una contienda deportiva, los inversionistas tienen mayor probabilidad de cometer errores cuando la presión crece; es decir, cuando la coyuntura de los mercados se torna más difícil, incierta o complicada.

A continuación, hablaré sobre 7 errores comunes en la inversión bursátil, que he constatado con frecuencia.

Equivalencia de errores

NBA	BURSÁTIL
Cometer una falta de último minuto	Querer siempre «sacarla del parque» (pegar únicamente un *home run*)
Dar un mal pase	Pensar que esta vez será diferente
Ofender al árbitro (falta técnica)	«Enamorarse» de productos
Pedir un tiempo fuera no solicitado	Entrar en pánico cuando el mercado accionario va a la baja
Cometer una sexta falta (expulsión)	Tratar de encontrar «el momento ideal» para el mercado
Acabarse el tiempo sin tirar al aro	Ignorar las valuaciones
Confiarse de un jugador «estrella»	Confiarse por completo en la cifra de utilidades netas

La conclusión es evidente: desarrolle de manera disciplinada su estrategia, sea paciente y evite errores. Estos últimos son más recurrentes en «partidos complicados». Como hemos repetido en otras notas en *Ocasiones*, la inversión bursátil no es una ciencia exacta, requiere conocimiento básico (capacidades), sentido común y temperamento (paciencia y disciplina). Nuestros modelos, formas de inversión y metodologías proponen precisamente de esto, y los resultados demuestran su efectividad.

DETALLE DE LOS 7 ERRORES

1. **Querer siempre «sacarla del parque» (pegar únicamente un *home run*).** Se trata de un error asociado a la incorporación de alto riesgo a un portafolio bajo la idea de «todo o nada», al suponer que se va a participar en la próxima empresa que va a «estallar» en el mercado. El inversionista decide exponer la mayor proporción de su portafolio en una o muy pocas emisoras, pensando que con esa va a ganar mucho más (recuerde, por favor, ¡que primero es el cuidado

del riesgo!). Esta situación se vuelve aún más peligrosa cuando la concentración sucede en compañías relativamente pequeñas, con la creencia de comprar la siguiente Microsoft o Apple que está ahora en una fase inicial. Estudios internacionales demuestran que, en promedio, las empresas pequeñas en mercados accionarios en general tienen menos ganancias que las grandes.

2. **Pensar que esta vez será diferente.** Las cuatro palabras más costosas en la historia de la inversión bursátil han sido: «Esta vez será diferente». La historia repite una y otra vez, e ignorarla representa perder la ventaja de la experiencia. Recuerde lo mucho que hemos escrito y compartido sobre la ciclicidad del mercado y las oportunidades durante las crisis. Todas las crisis tienen el mismo nombre pero diferente apellido. La de hoy se llama COVID-19, y también será superada. ¡No crea que esta vez será distinto!
3. **«Enamorarse» de productos.** Esta es la trampa de inversión más común; consiste en invertir en una empresa luego de identificar que sus productos son atractivos o que tienen potencial. Aunque la empatía con un negocio es muy importante cuando queremos ser dueños de una empresa, también se debe atender y conocer la rentabilidad del negocio, además de otros aspectos como la fortaleza financiera, para conocer después lo atractivo de su valuación mediante el precio de mercado. Identificar productos no es malo, por el contrario, es importante y bueno, pero eso es solo el principio de un proceso sencillo que requiere mayor conocimiento de otros aspectos, y no solamente el de los productos. Usted no compra un producto, invierte en un negocio.
4. **Entrar en pánico cuando el mercado accionario va a la baja.** La inversión en Bolsa a mayor plazo ha demostrado ser más atractiva cuando nadie quiere saber de ella, y no cuando el peluquero es también especialista en Bolsa. ¿Qué pasa si no desinvertí a tiempo y estoy en la baja? La experiencia sugiere que las exposiciones disminuyen si la baja no es aún muy profunda (indicadores de cambio de tendencia como el promedio móvil son útiles). Siempre se deben considerar exposiciones en emisoras con buenos fundamentos («usted no compra el mercado, invierte en negocios») y deber ser paciente, esperar hasta el siguiente ciclo de alza.
5. **Tratar de encontrar «el momento ideal» para el mercado.** Saber el momento exacto para invertir en Bolsa es uno de los grandes

mitos de todos los tiempos. No existe una estrategia que, de manera consistente, indique con certeza cuándo debe estar en el mercado y cuándo no. La estadística demuestra que los movimientos importantes en el mercado (precios de las acciones) suceden pocos días a lo largo de un año. Buscar participar de manera exacta en esos períodos, además de difícil, resulta peligroso.

6. **Ignorar las valuaciones.** Recuerde que de poco servirá identificar compañías extraordinarias (utilizamos seis criterios: crecimiento, rentabilidad, liderazgo, estructura financiera, política de dividendos y administración), si la empresa no tiene un valor atractivo, es decir, que resulta ya muy cara. En múltiples ocasiones hemos señalado la manera en que muchos inversionistas confunden los precios con las valuaciones: imagine que compra una empresa en $100 al inicio de año y esta genera ingresos de $10. Ello significa una rentabilidad para usted del 10 %. Un año más tarde, la vende a $200, es decir, un precio 100 % mayor. Para quien únicamente ve precios, parecería que su comprador adquirió la empresa muy cara. No obstante, si en ese año la compañía eleva sus ingresos a $100, entonces el nuevo dueño tiene una empresa con rentabilidades del 50 %; es decir, compró la empresa más barata que usted. ¿Identifica ahora la diferencia entre valuaciones y precios?
7. **Confiarse por completo en la cifra de utilidades netas.** Entre la «creatividad contable» y los negocios cuyos resultados financieros en ocasiones se vuelven más importantes que los resultados operativos (la verdadera naturaleza de un negocio), cada vez más inversionistas coinciden en dar mayor atención a indicadores como el flujo de efectivo o las utilidades operativas sin depreciaciones (Ebitda) como indicadores más «puros» de un negocio. En general, en los mercados emergentes se reconoce que la información es más volátil. Aunque en el caso de México, a partir de este año, las empresas en Bolsa reportan sus resultados atendiendo reglas internacionales contables.

OTROS 2 GRANDES ERRORES

Un inversionista necesita hacer muy pocas cosas bien para evitar grandes errores.

Warren Buffett

DEMASIADO EFECTIVO Y DEMASIADAS OPERACIONES

Con el mismo objetivo de evitar los errores que comentamos en el capítulo anterior, aquí tiene otros 2 en los que coinciden distintos estrategas internacionales y que resultaron más evidentes durante los años posteriores a la crisis de 2008, cuando las Bolsas, principalmente de EUA, tuvieron una recuperación extraordinaria, pero muy pocos pudieron aprovecharla.

Los grandes perdedores en el mundo de las inversiones suelen hacer dos cosas mal: 1) acumulan demasiado efectivo; y 2) compran y venden acciones (*trading*) con mucha frecuencia. Esto demuestra una vez más la importancia del temperamento (disciplina y paciencia) en una estrategia exitosa. Como diría Warren Buffett: «La cualidad más importante de un inversionista es su temperamento, no el intelecto... Necesitas temperamento que evite sentir satisfacción por estar con la mayoría o contra la mayoría». Sobre el temperamento, le recuerdo con mayor detalle la analogía de «invertir como niña» de la que he hablado en otro de mis libros y que tiene que ver con que la naturaleza de las mujeres las hace ser más razonables, analíticas y abiertas a aprender de los errores que cometen, así como a tener un criterio más independiente con respecto a las opiniones de los demás. Esto no sucede siempre con los hombres, que por su temperamento suelen tomar decisiones más riesgosas y precipitadas, lo que no es una buena cualidad al invertir en Bolsa, como lo explicamos en el capítulo «No es una ciencia exacta».

POCOS PARTICIPARON DE LA ALZA EN EUA

La Bolsa estadounidense ha tenido años recientes extraordinarios. En 2013-2014, el índice S&P 500 acumuló un avance de más del 40 %. Sin embargo, estudios en aquel país demuestran que cerca del 25 % de los inversionistas se las arregló para perder dinero, según Openfolio, un sitio web que permite compartir y comparar sus carteras con los demás. Esta empresa hizo un análisis de 3000 carteras en su sitio durante dicho período para tratar de entender lo que salió mal.

«Las personas que observaron el peor desempeño fueron las que tradicionalmente mantienen una mayor proporción de dinero en efectivo (exceso de liquidez)». David Ma, responsable de desarrollo de negocio de Openfolio, señaló que aquellos que han perdido dinero tenían cerca del 20 % en efectivo. «La memoria y recuerdos duran mucho cuando se han tenido malas experiencias en crisis financieras. Los inversionistas siguen guardando dinero debajo del colchón de manera sorprendentemente considerable», señala Suzanne Duncan, directora mundial de investigación del Centro de Investigación Aplicada en State Street.

Duncan estudió su grupo de 2800 inversionistas en los años pasados en EUA, y encontró que tenían un promedio del 36 % de la cartera asignada a dinero en efectivo. Para su mala fortuna, sucedió en un momento en el que uno de los mercados accionarios de aquel país observó uno de los períodos de ganancias más largos de su historia. El dinero en efectivo no ha ganado nada en el banco (ni en EUA ni en la mayoría de los países del mundo), dado el nivel históricamente bajo que ofrecen desde hace varios años las tasas de interés. Contrariamente, los inversionistas más exitosos representados por el Club de millonarios (personas con más de

1000 mdd de dólares para invertir) están manteniendo mucho menos dinero en efectivo, según Duncan.

OPERACIONES EXCESIVAS

Mientras que algunos inversionistas son demasiado conservadores e insisten en mantener el dinero en efectivo, otros son excesivamente arriesgados. La mayoría de los inversionistas en EUA tiene una mezcla de sociedades de inversión e instrumentos referenciados con índices bursátiles (sectoriales, regionales o por países) conocidos como fondos de inversión cotizados (ETF, por sus siglas en inglés) en sus cuentas, especialmente para la jubilación. Pero, con especial frecuencia, algunas personas también operan acciones individuales en busca de «mejores momentos», para tratar de aumentar sus rendimientos. No obstante, una operación excesiva deteriora la posibilidad de un mejor resultado en las carteras. Las mayores comisiones asociadas a un mayor número de transacciones o decisiones equivocadas por la impaciencia o el temor, debido a una decisión de corto plazo, han disminuido sensiblemente los resultados respecto a aquellos inversionistas que muestran mayor permanencia y paciencia en sus decisiones.

Según las investigaciones de Duncan, quienes operan acciones individuales con mucha frecuencia (compra-venta) a menudo «inflan» su resultado verdadero. Les gusta decir que sus resultados son mejores de lo que en realidad fueron.

El estudio finaliza con una reflexión sobre la manera en que los inversionistas aprenden y realizan inversiones más inteligentes a mayor edad. En palabras de Suzanne Duncan: «Cuando envejeces, tus posibilidades de perder dinero caen a la mitad».

EN BUSCA DE UN PORTAFOLIO BALANCEADO

La satisfacción del hombre es hallar un balance,
la mejor medición es haber sido útil.

Virgilio Olano

LO MEJOR DE AMBOS MUNDOS

Los inversionistas estuvieron luchando por encontrar sentido a los mercados durante las primeras semanas del mes de septiembre de 2020. Luego del fuerte avance de las empresas consideradas «de crecimiento», muchos de ellos se habían movido a las de «valor» (acciones a las que les irá bien a medida que la recuperación económica cobre fuerza), aunque dudan debido al buen desempeño y permanente crecimiento que se anticipa en el grupo de «crecimiento».

Otros menos «ortodoxos» sugieren simplemente atender la coyuntura e identificar a las compañías favorecidas por la cuarentena frente a las que están en recuperación, o diferenciar las cíclicas de las defensivas. Las acciones de valor han pertenecido tradicionalmente a sectores como el comercio minorista, el financiero, el energético y el industrial. Las empresas en áreas como tecnología y consumo discrecional generalmente se han clasificado como de crecimiento. Sin embargo, esas categorías amplias no capturan el momento actual. En el pasado, por ejemplo, los hogares y las empresas optaban por gastar más en tecnología cuando la economía se recuperaba y por ajustar sus gastos cuando las cosas se ralentizaban. Pero ahora, la migración al trabajo desde casa para tantas personas ha cambiado ese cálculo. De hecho, aparte de la tecnología, que probablemente seguirá teniendo un rendimiento superior, y las finanzas, que probablemente se mantendrán deprimidas durante algún tiempo, la mayoría de las acciones tienen atributos tanto de valor como de crecimiento. En SNX mantenemos un fondo diversificado que ha observado muy buenos resultados y mantiene atractivas perspectivas.

S&P 500 Exposición por tipo de sector

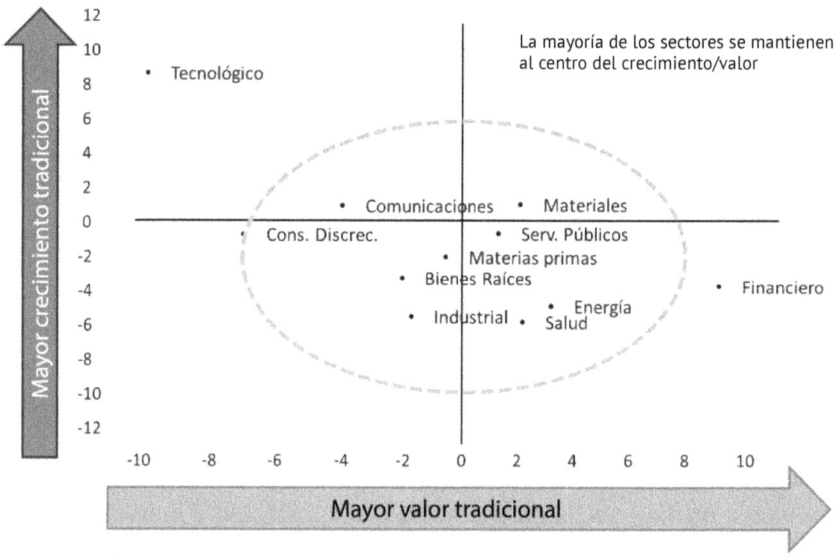

¡COMPRE LA NOTICIA!

No me importa lo que digan de mí, yo solo sé
lo que soy y lo que no soy.

Miley Cyrus

CUIDADO CON LA ESPECULACIÓN

El dicho «compre el rumor, venda las noticias» proviene del fenómeno de las acciones que se negocian previo a la expectativa de un anuncio «grande» en una empresa, para venderlas poco después. Se trata claramente de una estrategia de carácter especulativo (corto plazo), sin un fundamento sólido. Se corre el riesgo de que el rumor sea falso o que haya sido construido de manera deliberada. Si una noticia es verdaderamente positiva en una empresa, entonces se deberían identificar los efectos positivos en la valuación de la compañía a mayor plazo. Una noticia importante (buena) por lo general se traduce en revisiones al alza de los precios objetivos.

PROBABILIDADES EN CONTRA

Un afamado entrenador de futbol americano evitaba en lo posible lanzar el balón (pase) durante sus partidos. Prefería «correr el balón». Su lógica era la siguiente: al lanzar el balón pueden suceder tres cosas: que el pase sea incompleto, que sea interceptado y que sea completo. Las probabilidades en contra son mayores (2 a 1), por lo tanto, es mejor evitarlo.

Al comprar una acción por un rumor pasa algo similar. Veamos un ejemplo. La empresa X tiene un gran anuncio; ha estado promocionando el lanzamiento de un nuevo producto que cambiará drásticamente la industria de la telefonía celular. No se conocen los detalles exactos del producto, pero la máquina exageradora de X funciona a un nivel extremadamente alto. Los medios especulan sobre lo que podría ser este producto, y los inversionistas compran acciones, convencidos que el nuevo lanzamiento será un gran éxito. En consecuencia, los precios de las acciones de X suben durante algunas semanas, hasta que se revelan los detalles del nuevo artículo. Aquí, puede suceder una de las tres cosas siguientes: 1) Se anuncia el producto y la recepción es excelente. Sin embargo, la acción baja de precio. ¿Por qué? Muchos inversionistas estaban planeando vender tan pronto como se conocieran los detalles del artículo, sin importar los detalles. Además, la mayoría de las veces la expectativa es mayor al resultado final. 2) El producto es muy decepcionante. Este es el peor de los casos para una empresa. Los analistas se sorprenden y algunos inversionistas a largo plazo también venden. 3) La presentación del producto es un éxito absoluto, supera las expectativas. Los inversionistas compran aún más acciones porque el producto es revolucionario y la empresa valdrá más. En realidad, la mayoría de las veces es el caso menos probable. Esta es la esencia básica de «comprar el rumor, vender las noticias».

Difícilmente, usted será el primero en conocer el rumor. El rumor no solo se aplica a empresas, también puede suceder a nivel de la industria o el mercado. Por otra parte, considere que para cuando usted conozca ese rumor, seguramente ya llevará algún tiempo y el precio de la acción relacionada ya habrá subido.

LAS 9 REGLAS DE PETER LYNCH

La clave para ganar dinero con las acciones
es no tenerles miedo.

Peter Lynch

SOBRE PETER LYNCH

Previamente comenté que uno de los estrategas más exitosos y reconocidos es Peter Lynch, quien se hizo famoso a través de la gestión del Fondo Magallanes, que operó por muchos años y generó rendimientos anuales del 30 %. De 18 millones, el fondo llegó a gestionar más de 15 000 mdd. Es también uno de mis autores favoritos. Su libro *One Up on Wall Street* (1989) es un clásico y fue el primero que leí (me lo obsequió mi primer maestro en el ámbito profesional, mi muy querido José Juan Álvarez Baragaña).

Fue también el primer libro que le recomendé a mi hijo Carlos («Charly»), quien se perfila como profesionista en este medio hace ya algún tiempo.

Recordemos las 9 reglas básicas. Lynch era particularmente exitoso por el empleo del sentido común, al atender principalmente a consumidores cotidianos.

1. **Invierta en acciones antes que en otro activo.** El rendimiento medio que han generado las acciones en EUA en los últimos

100 años es del 12 % anual (en dólares estadounidenses), por lo que las convierte en el activo por excelencia. Los bonos parecen más seguros, pero su tasa actual es del 1 %. La diversificación es el elemento básico de control de riesgo; no obstante, los grandes creadores de patrimonio asignan en promedio el 50 % de sus activos a ser dueños de empresas (acciones).

2. **Si le gusta el producto, le gustarán sus acciones.** Las empresas que usted o la gente de su alrededor admira y consume son buenas inversiones, pues sus productos son demandados. Sus acciones multiplican el precio en unos años. Esta segunda regla invita a aprovechar nuestra experiencia de consumidor para ser dueño de empresas.
3. **Si los directivos compran acciones, compre usted también.** Las personas influyentes en una empresa están obligadas a notificar cuando venden y compran acciones; pueden vender por motivos personales (comprar una nueva casa o mejorar el nivel de vida, comprar otros activos o porque la empresa va mal). Sin embargo, cuando compran generalmente lo hacen porque esperan un buen crecimiento de su compañía.
4. **No todas las inversiones son iguales.** Busque que en su cartera tengan mayor peso las empresas con un gran potencial de crecimiento, pues sus rendimientos son más estables y suelen multiplicarse a 5 o 6 años. Personalmente, agregaría el hecho de que no todos los que invierten en Bolsa asumen el mismo riesgo. El potencial de cada portafolio difiere en función de las acciones que contiene.
5. **No se puede ver el futuro usando el espejo retrovisor.** Enfóquese en el valor futuro de una empresa sin dar demasiada importancia al pasado (ya está incorporado en el precio de la acción). Lo que va a determinar su precio son sus beneficios y su comportamiento en el futuro. Esta estimación se conoce como precio objetivo.
6. **Cuidado con la extravagancia de las oficinas centrales de una compañía.** Empresas que derrochan el dinero en tener oficinas bonitas, viajes en jet privado, limusinas etc. son empresas menos austeras. En definitiva, los negocios que ahorran hasta en el más mínimo detalle son mejores. Si una empresa no derrocha el dinero del accionista, en general tiene un buen comportamiento en Bolsa.

7. **No invierta a corto plazo.** La Bolsa no recompensa al pesimista; desde sus inicios ha tenido algunos baches. Sin embargo, su tendencia a mayor plazo es siempre al alza.
8. **«Aquello que la reina venda, hay que comprarlo».** Las empresas que el Estado quiere cotizar en Bolsa suelen ser una buena inversión. Un gobierno nunca querrá venderle algo malo a los ciudadanos, pues está de por medio su prestigio, no puede perder votos ni generar desconfianza. Al entrar a la Bolsa, estas empresas suelen cotizar a un múltiplo razonable y tener buenas expectativas a futuro (en México no es una práctica común).
9. **No invierta en aquello que no sepa ilustrar con un lápiz.** Las ideas de inversión deben ser sencillas. Si no puede describir la idea de forma clara en cinco sencillos párrafos que expliquen por qué es una buena inversión, no debería realizarla. En Bolsa no funciona lo complicado, esta es una idea que comparten Peter Lynch y Warren Buffett.

TEMPORADA DE DECISIONES: REPORTES TRIMESTRALES

Lo maravilloso de aprender algo, es que nadie puede arrebatárnoslo.

B.B. King

ASPECTOS QUE HAY QUE TENER EN CUENTA

Cada tres meses, las empresas en Bolsa están obligadas a presentar su información financiera. Se acostumbra que el reporte se acompañe de una llamada telefónica a analistas, y en EUA es común que compartan también una guía para los próximos meses. Para los participantes en el mercado (analistas e inversionistas), resulta un período especialmente importante pues permite validar los pronósticos anuales de resultados financieros, los cuales sustentan los precios objetivos de cada emisora. Comparto con usted algunos elementos básicos en la lectura de un reporte trimestral en general.

1. **Crecimientos operativos.** Al momento de la publicación del reporte, identifique el crecimiento anual (versus mismo trimestre del año anterior) de renglones operativos: ventas y Ebitda (utilidad operativa). Estos conceptos están sumamente relacionados con la naturaleza del negocio. Mientras que la utilidad neta puede verse afectada por impuestos, partidas extraordinarias o intereses por deudas, los conceptos operativos muestran la demanda real del producto de la empresa, es decir, su verdadero potencial.

2. **Comparativo de crecimiento.** Como muchas otras variables, la calificación del crecimiento en ventas y Ebitda se realiza en función de distintos parámetros. Para los reportes trimestrales, sugerimos cuatro comparaciones: con la tasa de crecimiento histórico de esos mismos conceptos en los últimos años; con el crecimiento de esos conceptos de otras empresas del sector en el mismo trimestre; con el crecimiento promedio en esos mismos rubros de las empresas de índices; y, la más importante, con los crecimientos esperados por el consenso del mercado. Actualmente, existe información de consenso previo a los reportes.
3. **Tipo de crecimiento.** Identifique si se trata de crecimientos orgánicos; es decir, resultado de la demanda real y dinámica natural de crecimiento del negocio, o si el crecimiento responde a alguna adquisición o fusión con otra(s) empresa(s) realizada en los últimos doce meses. Por lo general, cuando el crecimiento es muy fuerte se relaciona con esta última posibilidad. Un crecimiento fuerte siempre es bienvenido, pero en este caso, identifique también que el margen operativo (utilidad operativa/ventas) no haya disminuido de manera importante.
4. **Perspectiva (guía).** Atienda la guía o comentarios que la empresa comparta sobre sus expectativas a corto y mediano plazo. Esto sucede por lo general en una conferencia que acompaña la publicación de los resultados o en algún reporte escrito como parte de la información reportada (una guía importante positiva o negativa puede ser más poderosa que la publicación del reporte mismo).
5. **Deuda y flujo.** Nunca está de más verificar si los niveles de endeudamiento crecieron; es indispensable identificar la generación libre de flujo, que es distinta al Ebitda.
6. **Utilidad neta.** Este concepto resulta de especial atención para los inversionistas internacionales. Empresas cuyas acciones cotizan también en EUA suelen reaccionar más al tipo de crecimiento que observa la utilidad neta.
7. **Precios objetivos.** El precio objetivo es el pronóstico que un analista especialista realiza de una empresa luego de elaborar un modelo de valuación. Los precios objetivos se suelen revisar al alza cuando los crecimientos operativos son mayores a los esperados o cuando la empresa comparte una guía mejor a la anticipada. Considerar el precio objetivo es siempre la primera información que un inversionista debe considerar, independientemente del momento (temporada de reportes trimestrales).

EL TIRO DE BRUNO

Fallarás todos los tiros que no intentes.

Wayne Gretzky

LA PRÁCTICA HACE AL MAESTRO

Dicen que para aprender a bailar hay que bailar; para aprender a cocinar, hay que cocinar; para aprender a invertir hay que invertir. No obstante, se debe tener cuidado, pues realizar repetidamente cualquier actividad de manera equivocada puede resultar peligroso, porque las equivocaciones se pueden convertir en un mal hábito difícil de erradicar.

En los meses de encierro por la pandemia en 2020, mi hijo menor, Bruno (sí, el mismo al que no le pude conseguir sus tenis en el apartado «La educación financiera del cajero y el carpintero»), estaba practicando su tiro a la distancia de básquetbol (mis tres hijos lo practican y son muy apasionados). Bruno batallaba un poco en su efectividad. Pero lograba encestar con facilidad cuando su «técnica» era correcta (posición del brazo en L, mano completa sobre el balón, giro del balón hacia atrás durante su trayectoria al aro, enfoque en la parte trasera del aro, brazo extendido apuntado con el dedo índice al objetivo después de tirar, buen balance al pararse y flexionar y saltar con las piernas para una mayor potencia en tiros a distancia). ¿Parece complejo? Tal vez; lo mismo pasa con las decisiones de inversión, pero si se hacen correctamente, funcionan de maravilla y solo necesitará practicarlas con frecuencia para que después sea algo «automático».

EL PROBLEMA

Como comenté antes, el riesgo consiste en que al practicar una actividad de manera incorrecta se generan vicios que resultan muy difíciles de quitar. Lejos de ayudar, nos hacen retroceder y «fallar». En mis primeros años en este medio, gente de mayor edad solía comentarme: «Cómo va a venir un joven a decirme cómo invertir, cuando yo llevo muchos años ya invirtiendo». Con el tiempo descubrí que los resultados de muchos participantes en el mercado de valores, que llevaban muchos años invirtiendo, no siempre eran buenos (inclusive algunos eran sumamente malos). Y es que si no se tiene una buena «técnica» (metodología), aderezada con disciplina, paciencia y aprendizaje de las experiencias, de poco servirá «practicar» una actividad desde hace mucho tiempo. Lo invito a reflexionar sobre este tema, a llevar a cabo una evaluación muy honesta sobre su «técnica» y los resultados de su inversión.

Nunca es tarde para mejorar los métodos, las consecuencias valen la pena. En nuestro último partido, Bruno estuvo imparable.

Similitud de métodos

TÉCNICA DE TIRO A DISTANCIA (BÁSQUETBOL)	TÉCNICA DE INVERSION BURSÁTIL
Posición del brazo en L	Conocimiento del perfil (objetivos, horizonte y riesgo)
Mano completa sobre el balón	Selección informada de las emisoras
Giro del balón hacia atrás durante trayectoria al aro	Saber el potencial (no garantía) de valor (precio objetivo)
Enfoque en la parte trasera del aro	Distribución inteligente
Brazo extendido después del tiro, apuntando con el dedo índice al aro (así termina el tiro)	Conocimiento del riesgo y potencial del portafolio estructurado
Buen balance al pararse (hombros y pies alineados)	No entrar en pánico
Flexionar las piernas y saltar	Horizonte a mayor plazo

LOS DOS LOBOS

Lo que para alguien no puede tener ningún valor,
para otros puede significar mucho.

Nativa norteamericana

¿A QUIÉN VAMOS A ALIMENTAR?

Los jefes indios que habitaban Norteamérica tenían la distinción de involucrarse en la educación de los niños y jóvenes de sus tribus. Transmitían la historia de que cada persona nace acompañada por los espíritus de dos lobos que se sitúan siempre en nuestros hombros. En un lado, un lobo negro y en el otro, uno blanco. El lobo negro representa lo malo, y constantemente nos aconseja hacer cosas incorrectas. Por su parte, el lobo blanco nos aconseja hacer y actuar de manera correcta. Al término de la historia, el jefe de la tribu preguntaba a los jóvenes: «¿Cuál de estos lobos creen que tiene mayor poder (influencia) en ustedes?¡Aquel al que alimenten más!»

¿QUÉ DECISIONES DE INVERSIÓN TOMAMOS CON MAYOR FRECUENCIA?

Esta es una de mis historias favoritas y siempre he pensado que se aplica a distintas disciplinas y contextos. Aunque su intención es instruir en valores, ayuda mucho a reflexionar como inversionistas. Recuérdela en su actividad diaria al momento de invertir; escuche al lobo blanco, aliméntelo con buenos hábitos y este lo acompañará siempre en su proceso de construcción patrimonial y, más importante aún, de un buen balance de vida.

Consejos desde nuestros hombros...
¿A quién vamos a alimentar?

ESTRATEGIA BURSÁTIL	LOBO BLANCO	LOBO NEGRO
DIVERSIFICACIÓN	Diversificar es la base para disminuir riesgos, considere no menos de seis acciones en un portafolio y procure que no sea en un mismo sector	Compre dos o tres acciones para ganar más y pronto
OPERACIÓN	No busque un momento ideal, el mercado es volátil e irracional, atiende valuaciones en vez de precios	Espere a que baje más para comprar Espere a que suba más para vender
SELECCIÓN	Actúe como lo que es: dueño de empresa Conozca la perspectiva, deuda, rentabilidad, liderazgo y dirección de las empresas en las que invierte	Fíjese en lo que esta de moda y en lo que están haciendo todos
DISCIPLINA	No se aleje de su metodología de inversión	No necesita metodología
PACIENCIA	Su horizonte es a largo plazo, la naturaleza del mercado es siempre alcista en el tiempo	Lo que importa es el presente, solo se vive una vez
CONOCIMIENTO	Atienda siempre el precio objetivo de sus empresas. Entre mayor es su rendimiento potencial, mayor el margen de seguridad	Atienda a sus corazonadas ¡Hoy está de suerte!

APRENDER DE ACIERTOS Y ERRORES

Ningún conocimiento humano puede ir
más allá de su experiencia.

John Locke (*Ensayo sobre el entendimiento humano*)

EXPERIENCIA PROPIA Y DE TERCEROS

M. R. Kopmeyer, autor de diferentes y reconocidos libros de superventas sobre el éxito, insiste en que, después de la disciplina, la segunda regla de éxito es aprender de la experiencia. Nunca viviremos lo suficiente para conocer por nosotros mismos todo lo que necesitamos. Si pretendemos ser exitosos en cualquier disciplina, lo primero que debemos hacer es saber qué tenemos que aprender para alcanzar dicho objetivo: escuche a personas con experiencia, lea libros, acuda a seminarios, asista a conferencias. Su propia experiencia le servirá, pero no dependa solo de ella, pues tardará mucho más tiempo en aprender. En temas de inversión, eso puede significar minusvalías, pérdida de oportunidades, gran estrés o frustración.

PREMIO AL ERROR

En otro de mis libros de cabecera, *El líder, el maestro y tú*, de Siong Guan Lim (2015), el autor intelectual del tremendo cambio que vivió Singapur y que lo llevó de ser un pequeño país tercermundista a uno de los más desarrollados, detalla como implementó en varias empresas y secretarías el llamado «premio al error». En su obra, identifica que los errores se perciben como sinónimo de fracaso y que las personas que los cometen suelen ocultarlos o mentir sobre ellos. En realidad, el error es una condición natural de todo individuo, y una manera de aprender si lo aprovechamos. Cada año, Siong Guam organizaba un evento entre colaboradores, en el que tenían que escribir los errores que habían cometido y acompañarlos de la experiencia aprendida o la solución propuesta. Se elegía a los ganadores y cada uno compartía su experiencia y solución con todos los demás, de manera que el aprendizaje sirviera para todos. ¡Extraordinario! Personalmente, hice mía la idea y la llevé a cabo con mucho éxito en algunas instituciones en las que dirigí equipos de análisis y estrategia. Nos ayudó a una mejora continua y ahora lo hacemos también en SNX.

Las experiencias pueden ser buenas o malas; sin embargo, todas son útiles en la medida en que se capitalicen, se aprendan y se practiquen con frecuencia. Cada uno tendrá las suyas propias y las de otros en distintas disciplinas (familiares, deportivas, laborales, nutricionales, etc.). Con el riesgo de ser repetitivo en conceptos de los que he hablado ya en otras notas, aquí comparto diez experiencias personales, buenas y malas que he vivido en mis 35 años de análisis y estrategia en inversión bursátil.

Experiencias personales

LAS QUE HAGO
Leer mucho
Tener una metodología clara
Disciplina
Atender valuaciones y no precios
Evitar empresas endeudadas
Buscar un margen de seguridad (precio objetivo alto)
Diversificar empresas y sectores (más de seis)
Pensar como dueño de empresa
Visualizar los negocios a mayor plazo
Utilizar el sentido común

LAS QUE EVITO
Pánico
Diversificar en exceso
«Enamorarme» de una empresa
Atender rumores
Especular
Ignorar precios objetivos
Vender antes de tiempo
Perseguir una acción al alza
Comprar lo que no entiendo o no conozco
Estar incomunicado

SEA PACIENTE

La pregunta más urgente y persistente en la vida es:
¿qué estás haciendo por los demás?

Martin Luther King

SI NO ESTÁ PENSANDO A 10 AÑOS, ¡NO LA COMPRE!

La respuesta es sencilla: cuántos *traders* o participantes especulativos de corto plazo han podido convertir $10 millones en $100 millones. ¡Los inversionistas pacientes sí lo han logrado!

Vale la pena recordar, sobre todo en estos días de volatilidad e incertidumbre por la COVID-19, que el mercado accionario ha sido siempre hostil con los que «entran y salen» (*traders*). Sin embargo, siempre ha sido muy «amigable» (redituable) para quienes compran y se mantienen (inversionistas). El desconocimiento y la mala comprensión de la inversión bursátil en México, que ha llevado a muchos a entrar y salir, se ha traducido en malas experiencias que se difunden, pero muy pocos conocen los beneficios reales que ofrece la paciencia.

EJERCICIO

Un ejercicio mental muy recomendable al invertir en el mercado accionario es imaginar que usted se vuelve dueño de una empresa cuando compra una acción y que las operaciones en los mercados se cierran por 5 años. Si puede imaginarse a esa compañía más próspera, con mayor liderazgo, con mayores ganancias, etc. entonces vale la pena ser su dueño. No piense en el movimiento del precio, el mercado es simplemente el elemento que reflejará el valor de su empresa.

UN CUENTO CORTO

En alguna ocasión, a un arquitecto urbanista en Francia le advirtieron que no plantara árboles a lo largo de un bulevar en París porque tardarían 80 años en crecer. El arquitecto respondió: «¡Por Dios, tiene usted razón, entonces es mejor que comencemos a plantarlos de inmediato!». Aquel bulevar forma parte hoy de la avenida Campos Elíseos, que conduce al monumento del Arco del Triunfo. Muchas personas pueden hoy disfrutar de ellos y sentarse a su sombra porque se sembraron hace muchos años. Lo mismo sucede cuando usted invierte y tiene la disciplina y el temperamento para ser paciente.

CONFUNDIR LO CONOCIDO CON LO SEGURO

Jamás se desvía uno tan lejos como cuando
cree conocer el camino.

Proverbio chino

SOMOS INVERSIONISTAS DEL MUNDO

Muchos inversionistas en el mundo suelen pensar que su país es el más seguro (sobre todo si es desarrollado), pues es donde viven y, por lo tanto, el que más conocen. Los estadounidenses no saben realmente si su país tiene el mercado accionario más seguro a futuro. Si estuvieran absolutamente seguros, los atentados a las Torres Gemelas en Nueva York, el 11 de septiembre de 2001, deberían haberlos convencido de lo contrario. En muchas ocasiones, nuestro medio de vida está vinculado al país en el que vivimos; ello propicia que, al construir un portafolio, la gran mayoría se relacione con valores locales. Los japoneses tendrán mayores acciones japonesas y los alemanes, alemanas. Pero los datos a lo largo de la historia indican rendimientos similares y menor volatilidad al diversificarse con participaciones internacionales.

LA TRAMPA DEL AHORRO

Una cultura pobre de inversión en México ha propiciado que por muchos años las personas prefieran destinar sus ahorros a cuentas bancarias tradicionales, cuya tasa de interés se percibe segura; pero, en realidad, el poder adquisitivo disminuye de forma permanente, pues las tasas familiares o personales de inflación son, en muchos casos, muy superiores a la tasa oficial de inflación. En la realidad, el predial, las escuelas, gastos médicos, vacaciones, supermercado y muchos otros gastos y servicios difícilmente suben un 3.5 % en un año. Como indicamos en la página 144, la inflación familiar para habitantes de clase media en la Ciudad de México es del 12 % en promedio. A esto se debe restar el impuesto al ahorro, que este año se elevó a 145 pb. En México existen más de 85 millones de cuentas tradicionales en bancos, y menos de 250 000 en casas de Bolsa. La percepción de un ahorro seguro, simplemente por el hecho de conocerlo, no es correcta. La historia demuestra que ningún ahorrador tradicional ha logrado construir un patrimonio importante por ese medio.

¿GRAN EMPRESA O GRAN INVERSIÓN?

A menudo confundimos lo que deseamos con lo que es.

Neil Gaiman

¿DE QUÉ EMPRESAS SER DUEÑO?

Si le pregunto cómo identificar una gran empresa, posiblemente usted considerará el reconocimiento de la marca, su liderazgo en el mercado o su tamaño en valor de mercado, si es que cotiza en Bolsa. Las métricas son correctas, pero eso no garantiza que se trate de una empresa de la que resulta conveniente ser dueño. ¿Qué pasa cuando la empresa tiene mucha deuda?, ¿sus márgenes (rentabilidad) son bajos?, ¿tiene una generación de flujo débil?, ¿su gran tamaño ya no le permite crecer tanto? Entre más grande es una empresa, mayor es el reto de seguir creciendo. Alguna vez, un desarrollador de viviendas me contaba que cuando iniciaron construyeron y vendieron cinco casas; al año siguiente, lo hicieron con diez casas. Su crecimiento anual fue del 100 %. Pero para cuando construían 10 000 casas al año, para crecer el mínimo porcentaje cada año, primero tenían que construir y vender 10 000 casas y se agrandarían a partir de esa cifra. ¿Queda ahora más claro el mayor reto de crecer entre más grande es la empresa?

EMPRESAS EXTRAORDINARIAS CON VALUACIONES ATRACTIVAS

Repito, con toda intención: cuando en SNX decidimos ser dueños de una empresa para nuestro fondo, consideramos dos requisitos: que fuera extraordinaria y que tuviera una valuación (distinta al precio) atractiva. Extraordinaria no es sinónimo de tamaño. Desde una óptica de empresario, debe reunir seis requisitos: 1) tener un crecimiento en resultados destacado a futuro (particularmente utilidades operativas y generación de flujo de efectivo); 2) contar con buenos márgenes (niveles de rentabilidad); 3) ser líder de mercado; 4) no tener una deuda excesiva; 5) que cuente, de preferencia, con una política de pago de dividendos; y 6) que tenga una buena dirección. Una vez que se reúnen estos requisitos, valuamos la acción por distintos métodos (el descuento de flujos de efectivo es nuestro favorito). La valuación determina un precio objetivo para un plazo promedio de doce a 18 meses. Si la rentabilidad (crecimiento implícito) del precio objetivo es mayor a la esperada por el índice accionario de referencia, entonces decidimos ser dueños de ella y la calificamos como una gran inversión. Posteriormente, la acción se diversifica en un portafolio, procurando que no tenga un peso excesivo que pueda presentar un riesgo. La disciplina y paciencia en nuestra metodología nos ha permitido resultados anuales promedio del 21 % en más de 20 años.

EL «CRUCE DORADO» Y EL «CRUCE MORTAL»

El mejor maestro fue también un día aprendiz.

Anónimo

SEÑAL DE PERMANENCIA EN LA TENDENCIA DE ALZA

En notas internacionales estos días, algunos analistas técnicos destacan la señal de «cruce dorado» en índices globales como el MSCI. Históricamente, este indicador muestra una mayor permanencia en un movimiento de alza.

INTERPRETACIÓN

El «cruce dorado» (*Golden Cross*) es un patrón técnico (gráficas) que valida una tendencia alcista, en la que un promedio móvil de corto plazo (cincuenta días por lo general) se cruza por encima de un promedio móvil a largo plazo (doscientos días). La señal se ve reforzada por los altos volúmenes de negociación.

Señal técnica de «cruce dorado»

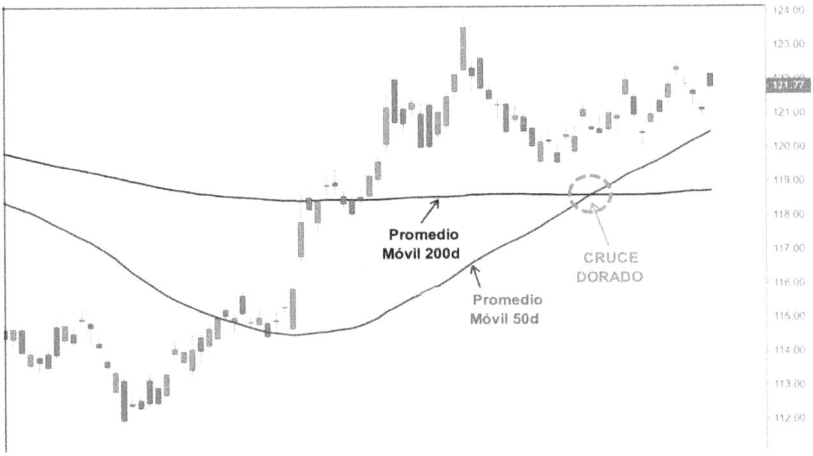

El «cruce mortal» es lo opuesto al «cruce dorado», en el cual el promedio móvil de menor plazo cruza a la baja un promedio móvil de mayor plazo. Como se comentó antes, los promedios móviles más utilizados son el promedio móvil de cincuenta días y el de doscientos días.

EN LO FUNDAMENTAL

Respetuosos de los diferentes criterios y estilos de inversión, nuestra formación se inclina por factores más fundamentales. En aquellos días se generaron algunas notas favorables que podrían explicar la tendencia alcista que han mantenido los mercados. En EUA, la expectativa de reportes débiles al 1T19, que ya había comenzado, era frágil (pronóstico del 4 % de caída en utilidades netas promedio de las 500 empresas del índice S&P). Por otra parte, las cifras del PIB de China al 1T19 resultaron un poco mejor a lo pronosticado (6.4 % versus 6.3 %), gracias a estímulos que podrían permitir mantener una recuperación gradual. En Europa se esperaba también una mejor condición económica general para la segunda mitad de 2019, gracias a diferentes estímulos. Asimismo, se confiaba en lograr un acuerdo definitivo en el tratado comercial China-EUA durante el mes de mayo de ese mismo año.

NO SE CASE CON SUS INVERSIONES

> Todos los casamientos son felices. Es el vivir juntos por mucho tiempo lo que causa todos los problemas.
>
> **Anónimo**

HASTA QUE LA MUERTE NOS SEPARE

De manera consistente hemos señalado el horizonte de inversión a largo plazo que requiere la inversión bursátil, y la importancia de conocer y estar atento al desarrollo de las empresas de las que somos dueños. Pero ello no significa necesariamente que una vez dueños, no podamos eventualmente tomar la decisión de vender nuestra empresa si esta deja de ser extraordinaria o si su valuación ya no resulta atractiva. A diferencia de un matrimonio, esta decisión no implica «hasta que la muerte los separe». Guardada toda proporción, posiblemente coinciden con la emoción inicial que originan, y que se trata sin duda de una gran decisión, pero es muy diferente.

Debido a nuestra naturaleza humana y espíritu competitivo tendemos a querer ganar, buscamos destacar y ser exitosos. La mayoría de los que compran una acción, y esta tiene malos resultados, esperan a que las cosas mejoren, pensamos «seguro el mercado está mal y yo estoy en lo correcto» (una de las frases que más escucho). Similar a un matrimonio que no funciona bien, muchos perseveran con la esperanza de que mejore, consideran que la mala situación actual es una anomalía temporal; esto sucede porque las personas confían en que las condiciones se restablezcan. Algunas veces sucede y otras no. Pero con las inversiones bursátiles usted tiene toda la capacidad de hacer que las cosas sucedan si acepta que no puede tener una relación emocional con la empresa de la que es dueño. Esto significa que usted debe comprar, vender o mantener su condición de dueño de manera racional, no emocional. Tampoco se puede enojar, pues esto propicia nuevas decisiones equivocadas.

ACEPTAR QUE PODEMOS EQUIVOCARNOS

El matrimonio es un compromiso de amor personal, consiste en un dar y recibir permanente para alcanzar la mayor felicidad posible. ¡No es el caso de la inversión! Usted tiene o considera una metodología para decidir de qué empresas ser dueño. No hay un compromiso contractual que lo obligue a tener siempre esas acciones. Somos dueños de empresas porque sabemos qué beneficios patrimoniales ofrecen una vez que las conocemos, y nada más. Sin embargo, seamos conscientes de que nos podemos equivocar (personalmente me ha sucedido y me seguirá sucediendo); es una idea fundamental que debemos aceptar. No vamos a ganar siempre en todas las empresas de las que seamos dueños, pues nadie gana siempre todas. Por ello, llevamos a cabo un proceso que se enfoca en cuidar el riesgo a conocer las empresas, a diversificar portafolios y a minimizar la posibilidad de equivocarse. La única coincidencia entre el matrimonio y las inversiones es que ninguno de las dos son ciencias exactas. Pero en el segundo caso, el resultado depende únicamente de usted.

EN PLÁTICA CON LOS JÓVENES

La juventud no es un tiempo de vida,
es un estado del espíritu.

Mateo Alemán

UN EJERCICIO INTERESANTE

Durante el encierro pandémico, invité a mis hijos a involucrarse un poco más en temas de inversión. Un día de la semana, de manera individual, Martha María («Semilla»), Charly y Bruno trabajaron conmigo. Lo disfruté muchísimo; compartí con ellos lo que considero una experiencia importante. Me casé hace 27 años y lo primero que hicimos fue comprar una casa. Consumió el 100 % de lo que Martha y yo teníamos, incluso un poco más, porque pedimos un préstamo. Después de 5 años, nos mudamos (los hijos crecían y necesitaban más espacio). Es una situación frecuente, además del dinero para mejorar tu primer casa o departamento y que nadie valora cuando la vendes. Este ejercicio compara los resultados en el tiempo, la compra de una casa frente a la inversión de esa cantidad en empresas (Bolsa). Supuestos: monto inicial de $10 mdp y $500 000 si compro la casa; 50 % en Bolsa y 50 % en bonos; rendimiento anual del 20 % en Bolsa (en 20 años, con la metodología SNX registra 21 % anual), 4.5 % en bonos y 5 % de inflación. La matriz permite, además, considerar distintos ahorros al mes.

RESULTADOS

El resultado puede variar en función de los supuestos, pero lo que pretendo es evidenciar cómo invertir y comprar una casa o departamento después de unos años resulta mucho más inteligente, en términos financieros, que comprar una casa de inicio. Además, con los años, uno descubre que sus necesidades familiares cambian y tenemos una mejor idea del tipo de casa que se adapta mejor a nuestra vida. De comprar la casa 15 años después, el saldo sería de $2.6 mdp sin ahorrar nada. Invirtiendo el saldo en 15 años es de $52.1 mdp. La casa será mejor y, además, constituirá un buen patrimonio.

Escenario 1: comprar una casa como primera opción

Ahorro				Años				
Mensual	5	10	11	12	13	14	15	20
0	787,838	1,379,014	1,558,233	1,765,713	2,005,971	2,284,248	2,606,622	5,170,237
5,000	1,174,189	2,506,423	2,916,667	3,397,026	3,960,629	4,623,016	5,402,583	11,974,522
10,000	1,560,541	3,633,831	4,275,101	5,028,340	5,915,286	6,961,785	8,198,543	18,778,807
20,000	2,333,243	5,888,649	6,991,969	8,290,967	9,824,601	11,639,321	13,790,463	32,387,377
30,000	3,105,946	8,143,466	9,708,837	11,553,593	13,733,916	16,316,858	19,382,384	45,995,946
40,000	3,878,649	10,398,283	12,425,705	14,816,220	17,643,231	20,994,395	24,974,304	59,604,516
50,000	4,651,352	12,653,100	15,142,573	18,078,847	21,552,546	25,671,932	30,566,225	73,213,086

Escenario 2: ser dueño de empresas y comprar una casa más adelante

Ahorro				Años				
Mensual	5	10	11	12	13	14	15	20
0	15,756,759	27,580,286	31,164,665	35,314,260	40,119,423	45,684,961	52,132,449	103,404,747
5,000	16,143,110	28,707,695	32,523,099	36,945,574	42,074,081	48,023,729	54,928,409	110,209,032
10,000	16,529,461	29,835,103	33,881,533	38,576,887	44,028,738	50,362,498	57,724,370	117,013,317
20,000	17,302,164	32,089,920	36,598,401	41,839,514	47,938,053	55,040,034	63,316,290	130,621,887
30,000	18,074,867	34,344,738	39,315,269	45,102,141	51,847,368	59,717,571	68,908,210	144,230,457
40,000	18,847,570	36,599,555	42,032,137	48,364,767	55,756,683	64,395,108	74,500,131	157,839,026
50,000	19,620,272	38,854,372	44,749,005	51,627,394	59,665,998	69,072,645	80,092,051	171,447,596

AFORTUNADA COINCIDENCIA

¿Quién dijo que la coincidencia es la manera que tiene
Dios de permanecer anónimo?

Don Winslow

ALGUNOS CONSEJOS PARA SER FELIZ

Durante la redacción de este libro, leí una extraordinaria reflexión de Anthony Isola, responsable del área de educación de la firma Ritholtz Wealth Management LLC, cuyo objetivo es asesorar en temas integrales de retiro. Sentí una enorme coincidencia con nuestra firma, SNX, y con lo que buscamos hacer en nuestra comunidad: ayudar a construir patrimonios en un sentido integral, en donde el dinero sea un medio, no un fin.

Al terminar el artículo, se lo enseñé a Marthita, mi esposa. Me preguntó cuándo lo había escrito. «No es mío» le contesté. «¡Guau!, se parece mucho a lo que tú dices».

Aquí tiene el texto de Anthony que redactó al cumplir 56 años:

> El dinero no puede comprar la felicidad, pero ayuda. La salud, la riqueza y la tranquilidad juegan un papel importante en no mirar atrás con arrepentimiento por lo que podría haber sido. La edad no

es garantía de sabiduría. He cometido muchos errores en el camino y he aprendido de la mayoría de ellos.

Estas son algunas de las cosas que he hecho bien:

- **El dinero compra libertad, no cosas.** Ahora mismo trabajo porque quiero. Eso hace toda la diferencia. No hay nada mejor que tener el control de tu día y elegir con quiénes quieres interactuar. Cuanto antes comprenda esto, mejor.
- **Viva por debajo de sus posibilidades.** El hecho de que pueda permitirse comprar algo no significa que deba hacerlo. Siempre habrá alguien que tenga más. Aceptar esto es lo último para aliviar el estrés.
- **Cásese bien y no moleste a sus hijos.** Nada más importa. Se sentirá miserable el 99 % del tiempo, sin importar cuánto dinero tenga. El divorcio es uno de los mayores destructores de riqueza (en sentido amplio) del planeta. En lo que respecta a los niños, ellos odian los sermones y las quejas. Elija sus batallas y sus posibilidades de salir victorioso. Presionar constantemente a sus hijos para que sean algo que no son, es un error fatal.
- **Invierta temprano y con frecuencia.** El tiempo es el combustible para la capitalización. No hace falta ser un genio para convertirse en millonario. Invertir en un fondo de índice amplio durante 50 años es muy bueno.
- **Siga adquiriendo habilidades y certificaciones.** Cuanto más calificado esté para hacer, más le pagarán. Las habilidades son el motor de los altos salarios.
- **Reemplace el alcohol y la comida chatarra con ejercicio y naturaleza.** Este debería ser el número uno en la lista. Sin su salud mental y física, no tiene nada, a pesar de lo que pueda decir su cuenta bancaria. Estas son las dos clases de activos más importantes a pesar de lo que digan los expertos.
- **Diversifique sus fuentes de ingresos.** No poner todos sus huevos en una sola canasta es una buena opción para la mayoría de las estrategias bursátiles.

- **Sea codicioso cuando otros tienen miedo.** No es fácil ganar dinero en los mercados. La riqueza nace de los mercados bajistas, no alcistas. No es divertido, pero marca la diferencia cuando todo está dicho y hecho.
- **Páguese primero a usted mismo.** Configure contribuciones automáticas.
- **Haga el bien.** El karma funciona. Cuando ayudamos a las personas, ellas tienden a ayudarnos. Haga lo correcto y sucederán cosas buenas, aunque es posible que tarde un poco más de lo esperado.

¡HASTA PRONTO!

Charles Dickens escribió: «El dolor de la separación no es nada comparado con la alegría de reunirse de nuevo».

No me despido, nos volveremos a encontrar, es un mundo pequeño y el gremio de participantes en el mercado accionario en México lo es aún más. Lo invito a que trabajemos juntos para que esto cambie.

Le agradezco nuevamente su lectura de las páginas anteriores y lo felicito por su interés en este tema tan importante.

Carlos Ponce Bustos

¿EN DÓNDE VENÍA?

Como adelanté en la introducción, la idea de esta sección es que usted pueda apuntar la página y el tema que le interesó para agilizar una consulta posterior. Funciona mejor que subrayar o marcar el libro al doblar esquinas o incorporar separadores.

Página	Tema

Página	Tema

Página	Tema

28 años

nos queda mucho por hacer

LID

- 1993 Madrid
- 2008 Ciudad de México
- 2010 Londres
- 2011 Nueva York y Buenos Aires
- 2012 Bogotá
- 2014 Shanghái
- 2018 Nueva Delhi

Esta obra se terminó de imprimir en marzo de 2021
en los talleres de Litográfica Ingramex, S.A. de C.V.
Centeno 162-1, Col. Granjas Esmeralda,
Alcaldía Iztapalapa, C.P. 09810, Ciudad de México